Commence maintenant

Parce que personne ne construira

ta sécurité à ta place

Christelle Donhossou

Commence maintenant

Parce que personne ne construira ta sécurité à ta place

Publié par SheGrows Publishing

Genève, Suisse

ISBN (relié) : 979-8-9963949-0-6

ISBN (broché) : 979-8-9963949-1-3

ISBN (livre numérique) : 979-8-9963949-2-0

Première édition — 2026

shegrows.ch

Sommaire

Pour mon fils, afin qu'il comprenne qu'aimer, c'est aussi protéger.

Pour ma fille, à qui j'apprendrai à construire.

À celui qui m'a rappelé que certaines vérités méritent d'être écrites, même lorsqu'elles tremblent encore.

À ma famille et à mes amies,

pour votre amour, votre patience et votre présence dans les saisons les plus silencieuses comme dans les plus lumineuses.

Une femme peut être entourée,

aimée, protégée en apparence —

et pourtant rester profondément vulnérable.

Parce que la véritable sécurité

ne naît pas uniquement de ce que l'on possède.

Elle naît de ce que l'on comprend.

Comment lire ce livre

Ce livre peut être lu de plusieurs manières.

Si tu as le temps et la disponibilité émotionnelle de le parcourir du début à la fin, c'est ainsi qu'il a été pensé. Les chapitres se répondent, se construisent les uns sur les autres et racontent une histoire — la mienne — dont le sens profond apparaît pleinement dans l'ensemble.

Mais toutes les femmes ne liront pas ce livre dans le calme. Certaines l'ouvriront au milieu d'une crise. D'autres entre deux rendez-vous, tard le soir, dans une période de confusion, d'épuisement ou de reconstruction. Si c'est ton cas, voici quelques portes d'entrée.

Si tu traverses actuellement une séparation, une découverte de dettes, une forme d'opacité financière dans ton couple ou une perte brutale de repères, commence par la Lettre aux femmes, à la fin du livre. Lis-la lentement. Puis reviens au chapitre sur la violence financière si certaines situations te semblent familières, ou au chapitre sur le réveil brutal si tu es déjà en train de partir.

Si tu cherches à comprendre pourquoi, malgré ton intelligence, ton travail ou ton revenu, tu n'as jamais réussi à reprendre pleinement le contrôle de tes finances, commence par le chapitre sur l'héritage financier invisible, puis par celui sur la délégation silencieuse. Ces chapitres parlent autant de conditionnement psychologique et culturel que d'argent.

Si tu cherches surtout des actions concrètes à mettre en place rapidement, va directement à la Partie VI, consacrée à la reconstruction. Les Actions proposées à la fin des chapitres peuvent être appliquées indépendamment du reste du livre.

Ce livre ne doit pas être lu comme un manuel de méfiance. Il ne dit pas qu'il faut vivre dans le soupçon, contrôler ceux qu'on aime ou transformer chaque relation en rapport de force.

Si tu vis dans une relation où la transparence est réelle et les décisions véritablement partagées, alors ces pages ne sont pas un appel à la peur. Elles sont une invitation à rester présente.

Dans une union saine, l'éveil financier ne divise pas. Il enrichit. Comprendre ses chiffres, poser des questions, savoir comment les décisions sont prises ne diminue pas la confiance. Au contraire : cela la rend plus lucide, plus libre et plus solide.

Enfin, ce livre n'est pas une thérapie. Il est un compagnon de conscience. Garde-le à portée de main. Reviens-y quand tu en as besoin. Et surtout — fais quelque chose. Car en matière financière, l'inaction finit souvent par coûter plus cher que les erreurs elles-mêmes.

Prologue
Le jour où j'ai failli dire non

Sept ans plus tôt, j'avais perdu presque tout. Ce que je n'ai pas perdu, c'est la voix qui pose les questions. Et c'est elle qui m'a sauvée.

En 2025, on m'a proposé d'intervenir lors d'un événement sur l'éducation financière.

Ma première réaction a été de refuser.

Pas par manque d'intérêt, ni par manque de temps. Par manque de légitimité — ce sentiment tenace, presque physique, que cette place n'était pas pour moi. Parler d'argent supposait, dans mon esprit, un parcours irréprochable. Une trajectoire sans erreur. Une autorité incontestable. Et ce n'était pas ainsi que je me voyais.

L'amie qui m'avait invitée a insisté. Elle m'a présenté les autres intervenantes : une gérante de fortune genevoise très senior, deux femmes travaillant dans des organisations internationales, et moi. Plus elle parlait, plus je me sentais déplacée. Leur place semblait évidente. La mienne m'échappait.

Pourquoi moi ? Et pourquoi à ce moment précis — celui où je prenais enfin conscience de l'ampleur des erreurs que j'avais commises dans ma propre vie financière ? Chaque réflexion ravivait des souvenirs que j'aurais préféré laisser derrière moi.

* * *

Je me souviens du vendredi soir qui a précédé l'événement. Allongée sur mon lit, encore habillée, n'ayant pas la force de retirer mes vêtements, j'énumérais mentalement les arguments pour et contre. Mon amie tardait à répondre à mon dernier message — une tentative à peine déguisée d'annuler. Peu avant minuit, elle écrivit simplement : Please, come. It will be amazing.

Il y a des moments dans la vie où l'on souhaite se cacher, disparaître, cesser d'être visible. Et c'est précisément à ces moments-là que quelque chose nous convoque à parler.

Je n'avais pratiquement rien préparé. J'étais fatiguée, lourde intérieurement. Et puis, le lendemain matin, quelque chose s'était déplacé en moi. Une clarté inattendue. Une forme d'élan que je n'explique pas encore tout à fait. Je me suis dit : D'accord. J'y vais.

***

En arrivant dans la salle, une question tournait dans ma tête : qu'est-ce que je vais bien pouvoir apporter ?

La première question m'a été destinée directement.

Pourquoi l'éducation financière est-elle importante ?

J'ai commencé à parler. Simplement, sans chercher à impressionner ni à entrer dans les détails de mon histoire. J'ai rappelé que le patrimoine ne se résume ni à la chance, ni à l'héritage, ni à des revenus exceptionnels. Qu'il se construit surtout dans le silence du quotidien — à travers des décisions répétées, des choix parfois inconfortables, une capacité à anticiper et à agir avec intention.

J'ai dit que trop de femmes restent à distance des sujets financiers, comme si l'argent relevait naturellement d'un autre territoire. Que comprendre l'argent n'est pas devenir obsédée par lui — c'est cesser de le subir. C'est pouvoir protéger, anticiper, choisir, construire. Car un patrimoine ne naît pas seulement de ce que l'on gagne, mais de ce que l'on comprend, de ce que l'on décide, et de ce que l'on ose faire dans le temps.

J'ai dit aussi que l'on croit souvent, à tort, qu'il faut déjà être riche pour investir. Que beaucoup s'excluent elles-mêmes avant même d'avoir essayé. Alors que la construction d'un patrimoine commence précisément là où l'on se trouve, avec ce que l'on a. Ce qui fait la différence n'est jamais la perfection du point de départ. C'est la décision de se mettre en mouvement — et de le rester.

Ces mots ne venaient pas de livres ni de podcasts. Ils venaient de ma propre histoire. D'un brisement silencieux et lourd dont j'avais encore du mal à me défaire. Et c'est peut-être pour cela qu'ils ont été entendus autrement.

***

À la fin du panel, plusieurs personnes sont venues me voir. Certaines pour me remercier. D'autres pour poser des questions. D'autres encore pour me confier, avec une pudeur mêlée d'espoir, leur désir d'être accompagnées. Des hommes aussi m'ont dit que l'éducation financière ne concernait pas que les femmes. La qualité des échanges a dépassé tout ce que j'avais imaginé.

Ce jour-là, quelque chose s'est posé en moi avec une netteté que je n'avais pas anticipée : mon expérience, même douloureuse, avait une valeur. Peut-être même précisément parce qu'elle avait été douloureuse.

Ce que l'on n'a pas vécu, on peut l'étudier, le commenter, l'enseigner. Mais ce que l'on a traversé, on peut l'habiter — le transmettre avec une profondeur que la théorie seule ne donne pas.

***

Ceux qui m'écoutaient ce jour-là ne pouvaient pas imaginer ce que j'avais vécu quelques années auparavant. Comment une femme travaillant dans la finance — connaissant les mécanismes, les règles, les risques — avait pu être victime de violence financière ? Comment avait-elle pu déléguer entièrement les décisions majeures du foyer à son mari, sans jamais vraiment regarder ?

C'est précisément la question à laquelle ce livre essaie de répondre. La compétence professionnelle ne protège pas automatiquement. Le diplôme ne protège pas. Le salaire ne protège pas. Ce qui protège, c'est autre chose — quelque chose que je n'avais pas et que je voudrais maintenant transmettre.

La réponse complète m'a pris du temps.

Cette histoire n'était pas uniquement celle du père de mes enfants, elle était aussi la mienne. Certaines décisions avaient été prises sans moi — mais j'avais laissé s'installer cette distance sans la voir, sans la nommer, sans l'interroger. En reconnaissant ma propre absence, je n'ai pas effacé ce qui s'était passé. Mais j'ai retrouvé quelque chose d'essentiel : la possibilité d'agir différemment.

C'est là que l'idée de ce livre est née.

* * *

Je ne l'ai pas écrit pour exposer mes blessures ni pour régler des comptes. Je l'ai écrit pour transmettre ce que l'on ne comprend parfois qu'après coup — afin que d'autres femmes puissent reconnaître plus tôt ce que je n'ai vu que tardivement.

Ce livre a été écrit pour éveiller. Pour éclairer des mécanismes souvent invisibles. Pour rappeler, avec exigence mais sans injonction, que la liberté financière commence toujours par la compréhension.

Il ne s'agit pas d'apprendre aux femmes à tout faire seules. Il s'agit de leur permettre de ne jamais être absentes de leur propre sécurité.

Cette histoire est la mienne. Mais si tu la lis, c'est peut-être pour mieux comprendre la tienne.

PARTIE I

Ce que j'ai hérité

Chapitre 1 — Ce que l'on absorbe sans le savoir

L'héritage financier invisible

Avant les choix d'adulte, il y a les modèles d'enfant. Ils ne s'enseignent pas. Ils s'absorbent — silencieusement, dans le salon, dans les conversations à voix basse, dans les gestes que personne n'explique. Et c'est précisément parce qu'ils ne sont pas enseignés qu'ils résistent ensuite si fort à l'information.

Je ne suis pas née avec l'idée de construire un patrimoine. L'argent n'a jamais été le moteur de mes choix. Ce qui m'a toujours animée, c'est quelque chose de plus ancien, de plus viscéral : le besoin de me sentir en sécurité.

Longtemps, je n'ai pas fait le lien entre ces deux réalités. La sécurité, dans mon esprit, appartenait au registre de l'émotion — la famille, le refuge, les bras de ceux qu'on aime. Le patrimoine, lui, relevait d'un autre monde : celui des adultes sérieux, des chiffres et des stratégies. Un monde qui semblait fonctionner sans moi, et sans que j'aie besoin de le comprendre.

Ce que je ne savais pas encore, c'est que mon rapport à l'argent se construisait déjà. Silencieusement. Dans le salon de notre appartement, dans les conversations à voix basse, dans les gestes de mes parents que j'observais sans les déchiffrer. Nous absorbons nos premières leçons financières bien avant de recevoir notre premier salaire. Et ce sont souvent les plus tenaces.

***

Mon père était diplomate. Un homme discret, rigoureux, avec quelque chose d'inébranlable dans la posture. Il ne parlait pas beaucoup de lui-même, mais il parlait d'avenir. Constamment. Avec une précision presque militaire.

Je me souviens de ce cahier. Un carnet ordinaire, à couverture rigide, qu'il posait chaque soir sur le coin de son bureau. Il y notait tout — chaque dépense, chaque entrée, chaque décision financière, aussi petite soit-elle. Rien n'y échappait. Pas un repas, pas un déplacement, pas un achat pour la maison. Ce cahier, c'était sa manière de tenir le monde sous contrôle.

Il parlait souvent de construire une maison au pays. Pas comme d'un rêve vague, mais comme d'un projet concret, qui avançait, même à distance. Cette maison, c'était plus qu'un bien immobilier. C'était une promesse faite à sa famille, une trace laissée pour ceux qui viendraient après.

À l'époque, adolescente, je ne voyais pas cela ainsi. Je voyais surtout la contrainte. Le sentiment que nous nous privions parfois inutilement, que la vie aurait pu être plus légère. Ce n'est que beaucoup plus tard que j'ai compris : mon père ne cherchait pas à restreindre. Il cherchait à bâtir.

***

Ma mère, elle, était partout et nulle part à la fois.

Elle élevait les enfants, gérait la maison, organisait notre vie dans des pays qui n'étaient pas le sien, apprenait de nouvelles langues, s'adaptait à de nouveaux voisins, de nouvelles écoles, de nouveaux codes. Elle maintenait un équilibre que personne ne lui demandait d'expliquer — parce que tout le monde le trouvait normal. Elle était là, et le foyer fonctionnait. C'était suffisant.

Ce que je ne voyais pas encore, c'est ce que cela lui coûtait. Et ce que cela lui avait pris.

Ma mère n'avait pas de compte bancaire à elle. Elle ne participait pas aux décisions financières du foyer. Mon père lui remettait de l'argent pour les courses et les besoins du quotidien — et c'était ainsi. Ce n'était pas présenté comme une injustice. C'était simplement l'ordre des choses. Dans notre environnement, un homme qui gérait les finances de sa famille était un homme sérieux, protecteur, responsable. Personne ne semblait trouver cela étrange.

Moi non plus, à l'époque.

Mais il y avait une question qui revenait parfois dans ma tête d'enfant, sans que je sache vraiment quoi en faire : si papa et maman se séparaient un jour, qu'est-ce que maman aurait ? Où irait-elle ? Cette question ne venait pas d'un endroit dramatique. Elle venait d'une observation silencieuse. D'une inquiétude que je n'aurais pas su nommer, mais que je ressentais.

***

Puis, un jour, quelque chose a changé.

Ma mère a annoncé qu'elle voulait travailler. Non pas parce que nous manquions de quoi que ce soit. Mais parce qu'elle voulait son propre argent.

Mon père ne comprenait pas. Il lui a posé la question directement, presque avec sincérité :

> *« Pourquoi veux-tu travailler ? »*

Et elle a répondu, simplement :

> *« Pour avoir mon propre argent. »*

Cette phrase, je l'ai gardée quelque part en moi pendant des années sans savoir pourquoi elle résonnait autant. Ce n'était pas une revendication agressive. Ce n'était pas une déclaration de guerre. C'était quelque chose de beaucoup plus fondamental — le besoin d'exister financièrement par elle-même. Le besoin de ne pas tout devoir demander. De ne pas dépendre d'une autorisation silencieuse pour chaque décision qui la concernait.

Ma mère a trouvé un moyen. Sans papiers de travail dans un pays étranger, elle a décroché un poste à la résidence d'une ambassade. Elle a commencé à gagner.

À épargner. À projeter. Elle parlait d'un terrain dans son village natal, d'une maison à construire, d'un avenir qui lui appartiendrait enfin un peu.

Je me souviens de sa joie à cette époque. Une joie différente. Pas celle d'une femme que l'on comble — celle d'une femme qui construit quelque chose à elle.

***

Puis l'argent a disparu.

Quand la famille a traversé une période de difficultés financières, mon père a utilisé l'épargne de ma mère. Je n'ai jamais eu tous les détails. Mais je me souviens de ses larmes. De ce silence qui n'était pas de la résignation, mais quelque chose de plus douloureux encore — la perte de quelque chose qu'elle avait construit pour elle, et qu'elle ne reverrait pas.

La justification est venue, comme elle vient toujours dans ces moments-là :

> *« J'ai travaillé pendant des années pour cette famille.*
> *Maintenant, c'est à toi de contribuer. »*

Cette phrase peut sembler logique. Jusqu'à ce qu'on regarde ce qu'elle efface.

Ce que ma mère n'avait pas consacré à une carrière rémunérée, elle l'avait donné à nous. À notre éducation, à notre stabilité, à la carrière de mon père. Sans elle, rien de ce qui avait été construit n'aurait tenu de la même manière. Et pourtant, cette contribution ne figurait nulle part — sur aucun relevé, aucun titre de propriété, aucun document officiel.

Elle avait tout donné. Et tout pouvait lui être retiré.

***

Moi, j'observais.

Sans que personne ne me l'enseigne, quelque chose se déposait en moi. J'apprenais que certaines personnes construisent ce qui reste, pendant que d'autres entretiennent ce qui disparaît. J'apprenais qu'une femme peut être indispensable à toute une famille et rester, malgré cela, profondément vulnérable financièrement.

Ces leçons ne m'ont jamais été transmises comme telles. Elles ont glissé dans ma vie autrement — à travers les habitudes, les silences, les équilibres que personne ne questionnait. Jusqu'à devenir une évidence intérieure.

C'est cela, le conditionnement. Il ne ressemble pas à une interdiction. Il ressemble à du bon sens. Il ressemble à quelque chose de naturel, de familier, de suffisamment ordinaire pour ne plus être vu.

Des années plus tard, quand j'ai commencé à regarder en face les décisions que j'avais prises dans ma propre vie, j'ai dû accepter une vérité inconfortable : je n'étais pas ignorante. J'étais conditionnée. Et la nuance est immense.

L'ignorance se corrige avec de l'information. Le conditionnement, lui, résiste à l'information. Il peut coexister avec les diplômes, l'intelligence, une carrière dans la finance. On peut analyser des risques toute la journée pour ses clients et reproduire, le soir chez soi, exactement les schémas que l'on a absorbés en regardant ses parents.

Je l'ai fait. Pendant des années.

***

Ce que ma mère m'a appris sans le vouloir

Ma mère a travaillé, épargné, projeté. Et elle a tout perdu — non pas parce qu'elle était naïve, mais parce qu'elle n'avait pas les outils pour protéger ce qu'elle avait construit. Ces règles sont celles que j'aurais voulu lui donner.

Règle 1. L'amour ne remplace pas la présence financière. Faire confiance à son partenaire est essentiel. Mais la confiance ne devrait jamais signifier absence, silence ou ignorance. Connaître les comptes, comprendre les décisions, gagner son propre revenu — ce n'est pas remettre en cause la relation. C'est rester présente dans sa propre vie.

Règle 2. Une épargne sans protection peut disparaître du jour au lendemain. Avant de mettre de l'argent de côté, il faut savoir à quel nom est le compte, qui y a accès, et ce qui se passe si la relation change. Une épargne non protégée n'est pas une épargne — c'est une promesse fragile.

Règle 3. Le travail invisible a une valeur économique réelle. Élever des enfants, gérer un foyer, soutenir la carrière de l'autre : tout cela crée de la valeur. En Suisse, une mère au foyer remplace en moyenne entre 90 000 et 120 000 francs de services par an. Si cette valeur n'est pas reconnue dans ton couple, elle est en train d'être prélevée silencieusement sur ton avenir.

Exercice. Trois questions sur ton histoire financière : dans ta famille d'origine, qui gagnait l'argent ? Qui décidait de son usage ? Qui possédait réellement ce qui était construit ? Ces trois réponses en disent souvent plus sur notre rapport à l'argent que notre premier salaire. C'est là que commence le travail.

Personne ne construira ta sécurité à ta place.

PARTIE II

Ce que j'ai reproduit

Chapitre 2 — Travailler ne suffit pas

Le piège du revenu sans construction

Les modèles qu'on absorbe enfant ne disparaissent pas en quittant la maison. Ils nous accompagnent, silencieusement, dans nos premières décisions d'adulte. Et c'est souvent dans ces premières décisions qu'ils causent le plus de dégâts — précisément parce qu'on ne les voit pas encore.

Après mon baccalauréat, j'avais besoin de partir. Pas pour fuir, mais pour respirer. J'avais grandi dans un cadre structuré, protecteur, parfois étouffant, et quelque chose en moi réclamait de l'espace — de l'espace pour échouer sans témoin, pour apprendre sans filet, pour commencer à exister par moi-même.

Le Maroc a été ma première confrontation réelle avec l'argent. Non pas avec l'idée de l'argent — celle-là, je l'avais absorbée depuis l'enfance. Mais avec sa réalité physique, quotidienne, contraignante.

Ma bourse était insuffisante. Je ne pouvais pas travailler légalement. Et pour la première fois de ma vie, j'ai dû emprunter. Jusqu'à ce moment, l'argent avait toujours existé autour de moi comme une structure gérée par d'autres — invisible, silencieuse, fiable. Là, elle devenait soudainement personnelle. Urgente. Et fragile.

J'ai découvert quelque chose que les livres d'économie n'expliquent pas toujours clairement : celui qui prête n'est jamais totalement neutre. Même lorsqu'il aide avec sincérité. Il y a dans l'acte d'emprunter quelque chose qui modifie subtilement la relation — un rapport de force qui s'installe presque sans le vouloir, une dépendance légère qui change la manière dont on se tient.

Ce n'est pas une question de mauvaises intentions. C'est une question de structure.

***

Proverbes 22:7

« Celui qui emprunte est l'esclave de celui qui prête. »

Des années plus tard, quand j'ai lu ce verset pour la première fois, il ne m'a pas appris quelque chose de nouveau. Il a mis des mots sur quelque chose que mon corps avait déjà compris au Maroc. Cette sensation d'inconfort, de ne plus être entièrement libre, de devoir tenir compte d'une autre personne dans chacune de mes décisions — c'était cela.

Je me suis fait une promesse silencieuse ce jour-là : ne plus jamais construire ma vie à partir d'une dépendance financière. Ce que je ne savais pas encore, c'est que cette promesse ne me protégerait que de la dette visible. Pas de la vulnérabilité invisible.

* * *

Après mes études au Maroc, je suis partie à Paris pour préparer un master. Et c'est là, dans le 18e arrondissement, que j'ai reçu mon premier vrai salaire.

Je venais de rejoindre l'un des cabinets d'audit les plus réputés au monde — un Big Four — où j'avais décroché un poste à l'issue d'un stage réalisé pendant ma formation. Ce matin-là, quand j'ai vu les chiffres apparaître sur mon relevé bancaire, j'ai ressenti quelque chose que je n'avais jamais ressenti auparavant. Une joie presque physique. Un soulagement. La sensation que tout ce qui avait été semé pendant des années — les études, les sacrifices, les déménagements, les incertitudes — avait finalement produit quelque chose de concret.

C'était le symbole de l'indépendance. Le début de la vie adulte. La preuve que j'existais par moi-même, financièrement.

Et puis j'ai dépensé.

***

Mon rapport à l'argent était profondément émotionnel. L'argent servait à vivre, à aimer, à circuler. Il servait à prendre le train pour Genève le week-end pour retrouver ma famille et celui qui deviendrait plus tard le père de mes enfants. Il servait à soutenir mes proches, à acheter des vêtements, à répondre aux besoins immédiats du quotidien. À financer les études de ma sœur. À être présente pour ceux qui comptaient.

Mais il ne servait jamais à construire.

Mes parents essayaient pourtant de me transmettre quelque chose. Ils me répétaient souvent :

> *« Un salaire ne se dépense pas entièrement. Il faut construire quelque chose. Acheter une maison. Préparer l'avenir. »*

Mais dans mon esprit, leurs paroles appartenaient à une autre réalité. Leur référence était l'Afrique, les projets au pays, la construction là-bas. Moi, je vivais en Europe, et sans même m'en rendre compte, j'ai réduit leur conseil à un contexte géographique au lieu d'en comprendre le principe universel. Pourtant, j'aurais pu appliquer exactement cette même logique en France, puis en Suisse. Ce n'était pas la géographie qui comptait. C'était la vision.

Et cette vision, je ne l'avais pas.

***

Quand je suis arrivée à Genève pour travailler dans un nouveau cabinet d'audit, j'ai continué exactement de la même manière. Mon argent servait aux dépenses, à la maison, au quotidien. L'épargne, lorsqu'elle existait, était uniquement pensée pour les urgences — un coussin de sécurité minimal, jamais une stratégie. La notion d'investissement, de placement, d'acquisition d'actifs ou de construction patrimoniale ne faisait même pas partie de mon raisonnement.

Ce n'était pas de la négligence. C'était un système de valeurs — hérité, intériorisé, jamais interrogé. Dans beaucoup de cultures africaines, et au-delà, l'argent est intrinsèquement collectif. Il circule. Il sert le groupe. Garder pour soi ce qu'on pourrait donner aux autres peut même sembler égoïste. Ce modèle a une beauté réelle. Il parle de solidarité, d'appartenance, de réciprocité. Mais il a aussi un coût que personne ne calcule : celui de sa propre sécurité sacrifiée au nom des autres.

Je travaillais pourtant dans un cabinet d'audit. J'étais entourée de banques, de bilans, de stratégies patrimoniales. Des mots comme diversification, allocation d'actifs et rendement ajusté au risque faisaient partie de mon vocabulaire quotidien. Et pourtant — jamais je ne m'étais demandé ce que mon argent à moi construisait pour moi. Cette pensée ne me traversait simplement pas l'esprit.

***

Ce que les chiffres disent

Selon une étude mondiale menée par UBS en 2019 (UBS Investor Watch) consacrée aux comportements financiers des investisseurs, 58 % des femmes dans le monde déclarent laisser les décisions financières de long terme à leur partenaire. En Suisse, cette proportion atteint 69 %. L'étude souligne également un contraste marqué : si 87 % des femmes mariées en Suisse gèrent les dépenses du quotidien, seules 22 % d'entre elles se disent responsables de la planification financière à long terme. En France, les études montrent qu'une femme sur deux estime encore ne pas avoir une culture financière suffisante, et que beaucoup restent éloignées de l'investissement par manque d'information ou de confiance (étude Opinion Way). Pourtant, plusieurs études montrent que les femmes qui investissent obtiennent souvent, sur le long terme, des performances égales ou supérieures à celles des hommes. Les chercheurs l'expliquent notamment par une approche plus disciplinée : moins de spéculation, moins de prises de risques impulsives et une capacité plus forte à rester investies dans la durée (UNSW research). Le problème n'est pas la capacité. C'est la permission intérieure de s'y autoriser.

Il y a une distinction que personne ne m'avait jamais expliquée, et qui aurait pourtant tout changé : la différence entre gagner et construire.

Gagner, c'est produire un revenu. C'est nécessaire. C'est le point de départ. Mais c'est insuffisant. Construire, c'est décider que chaque mois, une partie de ce que l'on gagne ne sera pas consommée — qu'elle sera mise au travail. Investie. Protégée. Orientée vers un futur que l'on a choisi.

Ces deux compétences ne viennent pas ensemble. On peut exceller dans l'une et ignorer complètement l'autre. C'est précisément là que beaucoup de femmes se retrouvent prises — non pas parce qu'elles ne travaillent pas assez, mais parce que personne ne leur a jamais appris la deuxième partie.

Dans The Psychology of Money, Morgan Housel rappelle que la richesse est souvent invisible. Elle réside moins dans ce que l'on montre que dans ce que l'on conserve : les dépenses évitées, les achats différés, l'argent investi plutôt que consommé. Car la richesse n'est pas le revenu. C'est ce que l'on réussit à garder et à faire croître dans le temps. C'est encore ce que le revenu permet de construire quand on ne le consomme pas entièrement.

***

Je ne regrette pas d'avoir aidé les autres.

Je suis même profondément fière d'avoir financé les études de ma sœur, d'avoir soutenu certaines personnes de ma famille lorsque je le pouvais. Je continue de croire que l'argent ne sert pas uniquement à soi-même. Il peut devenir un outil pour faire grandir les autres, ouvrir des portes, créer des opportunités.

Ce que je regrette, en revanche, c'est de ne pas avoir aidé avec conscience.

De ne pas avoir compris qu'aider les autres ne devait pas signifier s'oublier soi-même. Que je pouvais soutenir ma famille tout en me payant d'abord. Qu'il était possible d'être généreuse tout en construisant. Que la solidarité et la responsabilité financière ne s'opposent pas — elles se complètent.

Il existe même une règle que les financiers connaissent bien, souvent utilisée dans les consignes de sécurité des avions : en cas de dépressurisation, mettez d'abord votre masque à oxygène avant d'aider les autres. Non pas par égoïsme. Mais parce que vous ne pouvez pas aider si vous vous êtes évanoui. L'image est simple. La leçon financière l'est tout autant.

On ne construit pas pour les autres en se ruinant soi-même. On les aide davantage, et sur le long terme, quand on a construit quelque chose de solide à partir duquel on peut donner — librement, durablement, sans s'appauvrir.

Ma mère m'avait appris à travailler. Personne ne m'avait appris à construire.

Et cette distinction, je l'ai payée cher.

* * *

Ce que mes premiers salaires m'ont appris trop tard

Travailler est nécessaire. Construire est indispensable. Ce sont deux gestes différents — et le deuxième s'apprend.

Règle 4. Un revenu ne crée pas automatiquement un patrimoine. Gagner de l'argent et construire une sécurité financière sont deux compétences distinctes. L'une s'apprend dans la vie. L'autre s'apprend rarement — et c'est précisément pour cela qu'elle fait la différence.

Règle 5. Les dépenses affectives peuvent vider une vie financière entière. Aider sa famille, soutenir son partenaire, faire plaisir : ces gestes sont beaux. Mais si tout l'argent part vers les autres sans qu'aucune part ne soit réservée à sa propre sécurité future, on se retrouve généreuse — et vulnérable.

Règle 6. Aider avec conscience n'est pas aider moins. C'est aider mieux. Se payer d'abord n'est pas un acte d'égoïsme. C'est une condition pour pouvoir donner durablement. On aide davantage les autres quand on n'a pas besoin d'eux pour survivre soi-même.

Règle 7. Le premier investissement est identitaire, pas financier. Le jour où l'on décide qu'une partie de son argent construit pour soi, quelque chose change intérieurement. On cesse de se voir uniquement comme quelqu'un qui gagne et dépense. On commence à se voir comme quelqu'un qui bâtit.

Action 1. Ce mois-ci, ouvre un compte d'épargne ou d'investissement séparé, uniquement à ton nom. Verse-y une somme volontairement simple : 50, 100 ou 200 francs selon ta réalité. Le montant importe peu. Ce qui compte, c'est la rupture que ce geste crée : une partie de ton argent, pour la première fois, ne sera pas consommée ni donnée. Elle construira pour toi.

Action 2. Avant de décider combien tu peux donner ce mois-ci à ta famille ou à tes proches, décide d'abord combien tu te gardes. Pose la question dans cet ordre — pas dans l'autre. Ce changement de séquence est l'un des gestes les plus transformateurs que tu puisses faire.

Chapitre 3 — Participer n'est pas posséder

Ce que l'amour ne calcule jamais

Travailler m'avait donné un revenu. Pas un patrimoine. Ce que je ne savais pas encore, c'est qu'en couple, cette distinction allait creuser un écart entre nous bien plus important que celui que je voyais sur mon relevé bancaire.

Il était plus âgé. Plus installé. Il parlait d'investissement avec une aisance naturelle, comme d'autres parlent du temps qu'il fait. À ses côtés, je me sentais en sécurité — cette sécurité que j'avais cherchée depuis l'enfance et que je n'avais jamais tout à fait trouvée par moi-même.

Sans que je m'en rende compte, un transfert s'est opéré. Je lui ai confié bien plus qu'une relation. Je lui ai confié, silencieusement, la responsabilité de notre sécurité financière. Cela semblait logique. Il gagnait davantage. Il savait. Et moi, quelque part en moi, je croyais encore que ceux qui savent peuvent tout gérer à notre place.

Nous ne nous sommes jamais assis pour parler d'argent. Pas vraiment. Il n'y avait ni stratégie commune, ni vision partagée. Les rôles se sont installés sans que rien ne soit décidé explicitement. Il gérait les impôts, les investissements, les grandes décisions. Et moi, je gérais tout le reste — les frais de garde, les vêtements des enfants, les courses, le ménage, l'organisation invisible qui fait tenir une famille debout au quotidien.

Je ne voyais pas encore la différence fondamentale entre ce que nous faisions chacun de notre argent. Nous contribuions tous les deux à la famille. Cela semblait juste.

* * *

La théorie des pots de yaourt — Titiou Lecoq

Dans son essai Libérées (2017), la journaliste française Titiou Lecoq décrit ce mécanisme avec une précision qui dérange : dans beaucoup de couples, une personne finance le quotidien — les pots de yaourt, les couches, les fournitures scolaires, tout ce qui est consommé puis oublié — pendant que l'autre finance les actifs durables : l'immobilier, l'épargne, les investissements. Ce qui se consomme disparaît. Ce qui s'investit reste. Et lorsque la relation s'arrête, une réalité brutale apparaît : l'un possède encore quelque chose. L'autre a simplement permis à la vie de fonctionner.

Lui investissait dans ce qui restait. Moi, je finançais ce qui disparaissait.

La maison. La voiture. Les actifs susceptibles d'être revendus, valorisés, transmis — tout cela se construisait de son côté. Mon argent, lui, soutenait le présent. Le quotidien immédiat. Les besoins constants d'une famille vivante.

Ce n'était pas de la malveillance. C'était une organisation qui semblait naturelle. Et c'est précisément pour cela qu'elle était dangereuse — parce qu'elle ne ressemblait à rien d'alarmant.

***

L'acquisition de la maison a été le premier grand achat auquel je participais réellement. À l'époque, cela représentait quelque chose d'immense. Une étape d'adulte. La matérialisation d'une vie de famille que nous étions en train de construire.

Je regardais cette maison avec les yeux de l'amour. Pas avec les yeux du droit.

Dans mon esprit, c'était notre maison. Le fait que seul son nom apparaisse sur l'acte de propriété ne me semblait ni étrange, ni injuste, ni même problématique. Cela me paraissait presque naturel — parce qu'au fond, je reproduisais inconsciemment ce que j'avais vu toute mon enfance.

Chez mes parents, il n'existait pas cette logique de séparation permanente entre ce qui appartient à l'un et ce qui appartient à l'autre. Ma mère contribuait d'une multitude de façons : par son travail, sa présence, son énergie, la gestion du foyer, l'éducation des enfants, les sacrifices silencieux du quotidien. Je n'avais jamais grandi avec l'idée qu'une femme devait forcément apparaître sur un acte notarié pour que sa contribution ait de la valeur.

Mais la vie ne fonctionne pas ainsi. Et le droit non plus.

***

Et puis un jour, le père de mes enfants m'a demandé de participer au paiement des mensualités de la maison.

Je me souviens encore du trouble que cela a provoqué en moi. Pas de la colère. Pas de l'indignation. Du trouble. Parce qu'une partie de moi comprenait la logique : nous vivions ensemble, nous construisions une famille. Mais une autre partie de moi ressentait un malaise profond que je n'arrivais pas encore à formuler clairement.

Je me souviens avoir réfléchi pendant plusieurs jours. Quelque chose me dérangeait, même si je ne maîtrisais pas encore les notions financières ou juridiques qui auraient pu expliquer précisément ce que je ressentais. Et puis cette pensée est devenue impossible à ignorer :

Cette maison lui appartenait légalement. Pas à moi.

Cela signifiait que chaque mensualité payée augmentait son patrimoine à lui. Son actif se construisait progressivement, remboursement après remboursement. Mais moi — qu'est-ce que je construisais exactement ?

Si je participais aux mensualités sans être propriétaire, cela revenait à financer un bien qui ne m'appartiendrait jamais juridiquement. Et si un jour la maison était vendue, rien n'obligerait légalement à me reverser quoi que ce soit.

Cette réalité a créé en moi une fracture intérieure. Parce qu'émotionnellement, cette maison représentait notre famille. Mais juridiquement, elle appartenait à une seule personne.

C'est souvent là que commencent les plus grandes confusions financières dans les couples : lorsque l'amour donne une impression de fusion totale, alors que le droit, lui, continue de distinguer précisément les patrimoines.

J'ai finalement dit non. Mais avec le recul, je vois que ce refus était encore imparfait. Ce n'était pas un non construit sur une réelle connaissance de mes droits. C'était un refus instinctif, profondément influencé par mon histoire, par mes modèles, par mon intuition. Et cette intuition avait raison — pour des raisons que je ne savais pas encore tout à fait articuler.

Ce qui est remarquable, d'ailleurs, c'est que j'avais perçu le déséquilibre avant même d'avoir les mots pour le décrire.

Le corps comprend souvent ce que l'esprit n'a pas encore appris.

***

Ce que les chiffres disent

En Suisse, plusieurs études montrent que les femmes arrivent encore à la retraite avec un patrimoine et des revenus de pension nettement inférieurs à ceux des hommes. Cet écart ne s'explique pas uniquement par les différences de salaire. Il est aussi le résultat d'années de temps partiel, d'interruptions de carrière pour élever des enfants, de cotisations plus faibles au deuxième pilier et, parfois, de décisions patrimoniales prises sans réelle implication de leur part.

En France, les données de l'INSEE montrent qu'après une séparation, le niveau de vie des femmes chute beaucoup plus fortement que celui des hommes : environ 20 % contre 7 % en moyenne l'année de la rupture.

Ces chiffres ne décrivent pas des situations exceptionnelles. Ils révèlent un mécanisme structurel, souvent silencieux, profondément ordinaire — et pourtant évitable.

Beaucoup de femmes vivent ce type de situation sans jamais vraiment s'arrêter pour réfléchir aux implications profondes de certaines décisions financières prises dans le couple. Par confiance. Par amour. Par habitude. Par reproduction familiale. Par peur d'abîmer la relation avec des discussions considérées comme matérielles.

Pourtant, connaître ses droits ne détruit pas l'amour. Au contraire, cela permet de construire des relations plus conscientes, plus équilibrées, plus justes.

Dans chaque famille, chaque décision financière engage bien plus que le présent. Elle façonne silencieusement les équilibres, les dépendances et les sécurités de demain.

Je l'ai appris d'une manière que je n'aurais jamais choisie.

***

Ce que la théorie des pots de yaourt m'a appris trop tard

Contribuer à la vie du foyer est nécessaire. Mais ce n'est pas suffisant. Maintenir le quotidien et construire un patrimoine sont deux gestes différents — et les deux doivent exister, simultanément, à ton nom.

Règle 8. Participer au quotidien ne signifie pas construire un patrimoine. Les dépenses liées aux enfants, à l'alimentation, à l'organisation familiale sont indispensables — mais elles ne créent pas d'actifs durables à ton nom.

Maintenir le foyer et construire ta sécurité sont deux gestes différents. Les deux doivent exister en même temps.

Règle 9. L'amour ne remplace pas la structure juridique. Un couple peut être profondément amoureux et répartir ses finances de manière qui laisse l'une des deux personnes entièrement vulnérable en cas de rupture. Ce n'est pas un manque d'amour — c'est un manque de structure. Les deux se corrigent différemment.

Règle 10. Une femme doit toujours construire quelque chose qui lui appartient. Pas par méfiance — par présence. Dans tout couple, une femme devrait pouvoir répondre à ces cinq questions : Qu'est-ce qui est construit ? À quel nom ? Comment ? Avec quels risques ? Et que me resterait-il concrètement si la situation changeait demain ?

Règle 11. Financer un bien qui ne t'appartient pas légalement n'est pas une contribution au foyer. C'est un don sans contrepartie juridique. Avant de participer aux mensualités d'un bien immobilier, d'un investissement ou d'un emprunt, vérifie à quel nom cet actif est enregistré — et ce à quoi tu aurais droit en cas de changement.

Action 1. La cartographie du foyer. Prends une feuille et trace deux colonnes. Dans la première : tout ce que tu finances qui maintient le quotidien. Dans la seconde : tout ce qui construit un patrimoine — à ton nom ou en commun. Puis pose-toi cette question honnêtement : si ma relation s'arrêtait demain, qu'est-ce qui m'appartiendrait encore ?

Action 2. Les cinq questions sur tout actif significatif. Pour chaque bien important du foyer — logement, épargne, investissement, véhicule — sois capable de répondre : À quel nom est-il enregistré ? Que se passe-t-il en cas de séparation ? En cas de décès ? Ai-je signé quelque chose qui m'engage ? Quels sont mes droits ? Si les réponses sont floues, c'est le signal qu'il faut une conversation — ou une consultation juridique.

Personne ne construira ta sécurité à ta place.

PARTIE III

Ce que le système amplifie

Chapitre 4 — La façade

Genève, le paraître, et le prix silencieux de l'apparence

Avant que l'effondrement n'arrive, il y avait la façade. Les années pendant lesquelles tout semblait fonctionner — pendant lesquelles tout devait sembler fonctionner — alors que quelque chose se déchirait déjà à l'intérieur.

Genève est une ville étrange.

Belle, évidemment. Ordonnée. Internationale. Bordée par un lac qui reflète les montagnes. Des rues propres, des institutions respectées, une réputation de sérieux et de discrétion qui traverse les frontières. C'est une ville où les gens réussissent — ou du moins, une ville où les gens donnent l'impression de réussir.

Et c'est précisément là que réside quelque chose de profondément vertigineux.

À Genève, l'apparence n'est pas seulement une coquetterie. Elle est presque une monnaie sociale. La voiture garée devant la maison. Le quartier. L'école des enfants. Le restaurant où l'on dîne. Les vacances que l'on mentionne. La marque de la montre. Le sac posé sur la chaise. Chacun de ces détails parle. Chacun d'eux envoie un signal. Et dans les cercles où nous évoluions — expatriés, professionnels de la finance, familles bi-nationales — ces signaux étaient lus avec une précision redoutable.

Pendant des années, nous avons envoyé les bons signaux.

Et pendant ces mêmes années, tout s'effondrait à l'intérieur.

***

La vie que tout le monde voyait

Il y a quelque chose de particulièrement épuisant dans le fait de maintenir une façade. Ce n'est pas seulement l'énergie que cela coûte. C'est la dissonance permanente entre ce que l'on montre et ce que l'on vit. Entre le visage que l'on présente au monde et ce qui se passe derrière les portes fermées.

Je connaissais cette dissonance intimement.

Les dîners où l'on parlait de projets alors que les comptes étaient dans le rouge. Les sorties maintenues pour ne pas éveiller de questions. Les conversations légères sur les vacances d'été alors que je savais, quelque part au fond de moi, que quelque chose ne tenait plus. Les vêtements soignés. Le sourire. Le maintien. Tout ce travail invisible de préservation de l'image — un travail que beaucoup de femmes connaissent sans jamais le nommer.

Parce que dans certains milieux, admettre la difficulté financière est presque aussi douloureux que la difficulté elle-même. La honte s'installe. Et la honte, souvent, pousse à dépenser encore plus — pour maintenir l'apparence de quelqu'un qui ne manque de rien.

C'est un paradoxe cruel : plus on a peur d'être vu comme quelqu'un qui manque, plus on risque de manquer réellement.

* * *

La ville et ses miroirs

Genève n'est pas la seule ville ainsi. Londres, Paris, Dubaï, New York — les grandes métropoles internationales ont toutes cette qualité particulière d'amplifier les inégalités tout en les rendant invisibles. Les riches et les précaires se croisent dans les mêmes rues, fréquentent parfois les mêmes cafés, portent parfois les mêmes marques. La frontière entre celui qui possède et celui qui imite n'est pas toujours visible à l'œil nu.

Mais à Genève, il y a quelque chose de supplémentaire. La concentration de fortunes réelles — fonds souverains, private banking, organisations internationales — crée un étalon de référence qui écrase tout ce qui est en dessous. On se compare sans cesse. On se positionne. On essaie de comprendre où l'on se situe dans une hiérarchie implicite que personne ne formule jamais clairement mais que tout le monde ressent.

Et dans ce contexte, la pression de paraître devient une force structurelle. Pas seulement une faiblesse individuelle. Pas seulement de la vanité. Une pression sociale réelle, qui pousse des personnes parfaitement raisonnables à des comportements financiers profondément irrationnels.

Des gens s'endettent pour des voitures qu'ils ne peuvent pas se permettre. Des familles vivent dans des appartements trop chers pour leur revenu réel, parce que l'adresse fait partie de l'image. Des femmes portent des sacs qui représentent un mois de salaire, non pas par caprice, mais parce que dans certains cercles, ne pas les porter est une forme d'exclusion silencieuse.

Je ne juge pas. J'ai moi-même navigué dans ces eaux. Je comprends la traction de ces mécanismes. Ce que je veux nommer, c'est leur coût — un coût que personne ne calcule jamais clairement, et qui se révèle toujours trop tard.

***

Le paradoxe de la richesse visible

Morgan Housel, dans The Psychology of Money, formule une vérité profondément contre-intuitive : lorsque nous voyons quelqu'un conduire une belle voiture, nous pensons rarement à cette personne. Nous pensons surtout à ce que nous ressentirions si cette voiture était la nôtre.

La richesse visible impressionne souvent moins les autres qu'on ne l'imagine. Elle sert parfois davantage à se convaincre soi-même d'une image, d'un statut ou d'une réussite.

Or, le véritable patrimoine est, par définition, largement invisible : ce sont les dépenses évitées, les décisions de consommation non prises, l'argent discrètement investi et laissé au travail pendant des années.

Ceux qui paraissent riches et ceux qui le sont réellement ne se recoupent qu'en partie.

Ce que la façade fait à l'intérieur

Il y a un prix que personne ne mentionne jamais dans les conversations sur l'argent : le prix psychologique de la dissonance.

Vivre une chose et en montrer une autre — même sans mensonge explicite, même simplement par omission, par pudeur, par protection de l'image — est une forme d'effort permanent que le mental ne peut pas soutenir indéfiniment. Le cerveau humain n'est pas fait pour gérer durablement une contradiction aussi fondamentale entre l'intérieur et l'extérieur.

Les conséquences sont réelles. Et elles ont un nom.

L'anxiété financière chronique touche des millions de personnes dans les pays développés — y compris des personnes avec des revenus confortables, parce que le problème n'est pas toujours le montant, mais la dissonance entre ce qu'on gagne, ce qu'on dépense, et ce qu'on montre. En Suisse, une étude menée par la ZHAW School of Management and Law montre qu'une part importante de la population ne se sent pas pleinement en sécurité sur le plan financier, malgré un niveau de vie parmi les plus élevés au monde. Le sentiment de bien-être financier varie fortement selon le revenu, le patrimoine, le niveau d'éducation et la stabilité personnelle.

Autrement dit : le stress financier ne touche pas uniquement les ménages les plus modestes. Même dans des environnements économiquement privilégiés, beaucoup vivent avec une forme d'insécurité silencieuse face à l'avenir.

Ce stress chronique a des effets documentés sur la santé mentale : troubles du sommeil, irritabilité, difficultés de concentration, sentiment diffus de honte, isolement progressif. On évite les conversations sur l'argent. On évite les amis qui semblent mieux lotis. On construit des murs invisibles autour de sa réalité financière pour ne pas avoir à l'expliquer.

Et derrière ces murs, la situation empire souvent — parce qu'on ne peut pas résoudre ce qu'on ne regarde pas.

* * *

La honte — l'émotion qui empêche tout

Il faut parler de la honte. Parce que c'est elle, plus que tout autre facteur, qui maintient les gens dans des situations financières destructrices bien après le moment où ils auraient pu agir.

La honte de ne pas réussir alors qu'on « devrait » réussir. La honte de ne pas avoir vu. La honte de ne pas avoir su gérer. La honte d'avoir fait confiance à quelqu'un qui n'en était pas digne. La honte d'avoir laissé les apparences primer sur la réalité.

Cette honte est particulièrement intense dans les milieux où la réussite est visible — où l'échec, même temporaire, semble une trahison non seulement de soi-même mais de tout ce que l'on représente aux yeux des autres.

Je l'ai vécue. Cette sensation de ne pas pouvoir dire la vérité parce que la vérité aurait détruit l'image. Pas seulement mon image — l'image du couple, de la famille, de ce que nous étions censés représenter.

Et pourtant, c'est précisément cette honte qui m'a maintenue trop longtemps dans une situation que j'aurais dû quitter plus tôt. Parce que partir, c'était aussi admettre. Admettre à ma famille, à mes amis, à moi-même — que quelque chose avait profondément dysfonctionné.

La honte est l'ennemie de la reconstruction. Elle paralyse au moment exact où l'action est la plus nécessaire.

***

Le miroir déformant

Ce phénomène existait avant les réseaux sociaux. Mais les réseaux sociaux l'ont amplifié d'une manière que nos cerveaux n'étaient pas conçus pour absorber.

Instagram, LinkedIn, Facebook — ces plateformes sont des vitrines de vies filtrées. On y voit les vacances, pas les dettes qui les ont financées. On y voit les promotions, pas les nuits d'insomnie qui les ont précédées. On y voit les sourires, pas les disputes du matin. On y voit l'appartement décoré, pas le crédit à la consommation qui a servi à l'équiper.

Et face à ce flux continu de vies apparemment parfaites, une question s'installe insidieusement : pourquoi ma vie ne ressemble-t-elle pas à ça ?

Cette question, formulée ou non, pousse à dépenser. À consommer. À acquérir des signes visibles de réussite pour combler l'écart entre ce qu'on voit et ce qu'on vit. C'est exactement le mécanisme que les plateformes ont été conçues — consciemment ou non — pour amplifier.

Une étude menée par l'Université de Pennsylvanie et publiée dans le Journal of Social and Clinical Psychology a montré que limiter l'usage des réseaux sociaux à environ trente minutes par jour pouvait réduire significativement les symptômes de dépression et le sentiment de solitude, tout en améliorant le bien-être psychologique général. Les chercheurs ont également observé une diminution de certaines formes d'anxiété liées à l'usage des réseaux sociaux. Non pas parce que les réseaux sociaux seraient intrinsèquement néfastes, mais parce que la comparaison permanente épuise silencieusement l'esprit.

Et cette comparaison a un coût financier direct : elle alimente la dépense impulsive, l'achat émotionnel, la quête de validation matérielle. Des comportements qui appauvrissent à long terme ceux qui pourraient construire à court terme.

***

Vivre en accord avec soi-même

Sortir de la façade n'est pas simple. Ce n'est pas une décision que l'on prend un matin et qui change tout du jour au lendemain. C'est un processus lent, inconfortable, parfois douloureux — parce qu'il implique de laisser tomber une protection que l'on a construite avec soin.

Mais c'est aussi l'un des actes les plus libérateurs que j'aie jamais accomplis.

Le jour où j'ai cessé de me battre pour maintenir une image que je ne pouvais plus me permettre — financièrement, psychologiquement, émotionnellement — quelque chose s'est déposé en moi. Une légèreté étrange. Presque étonnante dans le contexte de ce que je traversais.

Parce que l'énergie que l'on consacrait à paraître pouvait enfin aller ailleurs. Vers la reconstruction. Vers la réalité. Vers des décisions concrètes plutôt que vers des signaux envoyés à un public imaginaire.

Il existe un mot en anglais pour décrire cette cohérence entre l'intérieur et l'extérieur : integrity. Pas l'intégrité au sens moral uniquement — mais l'état d'être entier, d'une seule pièce, sans fracture entre ce que l'on est et ce que l'on montre.

On ne sort pas d'une façade en la repeignant. On en sort en la quittant.

***

Ce que ce chapitre enseigne — règles et actions

La façade a un prix. Financier, psychologique, et profondément humain. Ces règles sont là pour nommer ce mécanisme — et pour aider à en sortir.

Règle 12. Le paraître est un piège financier autant qu'un piège social. Chaque franc dépensé pour maintenir une image est un franc qui ne construit pas. La question n'est pas de vivre sans plaisir — c'est de distinguer ce qui te nourrit vraiment de ce qui nourrit le regard des autres.

Règle 13. La honte empêche l'action au moment où l'action est la plus nécessaire. Nommer sa situation financière réelle — à soi-même d'abord, à une personne de confiance ensuite — est souvent le premier acte de reconstruction. Ce qu'on ne peut pas dire, on ne peut pas le résoudre.

Règle 14. L'anxiété financière chronique est un signal, pas une faiblesse. Si l'argent t'empêche de dormir, si tu évites d'ouvrir tes relevés bancaires, si tu dépenses pour calmer une angoisse plutôt que par désir réel — ce sont des signaux que quelque chose doit changer. Pas dans ta personnalité. Dans ta relation à l'argent.

Règle 15. La comparaison sociale appauvrit. Pas seulement émotionnellement — financièrement. Les décisions prises pour égaler, surpasser ou simplement ne pas sembler en dessous de quelqu'un d'autre sont parmi les plus coûteuses et les moins satisfaisantes qui soient. La seule comparaison utile est avec soi-même, hier et demain.

Action 1. Fais l'inventaire de tes dépenses d'image. Sur les trois derniers mois, identifie les achats qui avaient pour objectif principal de maintenir une apparence — vêtements non portés, sorties auxquelles tu n'avais pas vraiment envie d'aller, cadeaux disproportionnés, abonnements maintenus pour ce qu'ils signalent plutôt que pour ce qu'ils apportent. Sans culpabilité. Juste pour voir.

Action 2. Parle de ta situation financière réelle à une personne de confiance. Pas pour demander de l'aide nécessairement. Juste pour dire à voix haute ce qui est. La honte prospère dans le silence. Elle diminue à chaque fois qu'on la nomme devant quelqu'un qui ne juge pas.

Action 3. Limite ton exposition aux réseaux sociaux pendant deux semaines. Observe ce qui change dans tes envies de consommation, dans ton niveau d'anxiété, dans ta perception de ta propre vie. Ce n'est pas une expérience définitive. C'est une mesure de l'impact réel que ces plateformes ont sur tes décisions financières.

Action 4. Pose-toi cette question une fois par mois : est-ce que je vis selon mes valeurs réelles, ou selon les valeurs que je crois devoir afficher ? L'écart entre les deux est souvent là où l'argent disparaît sans laisser de trace — et sans laisser de satisfaction.

Chapitre 5 — La Suisse et les femmes

Ce qui m'est arrivé n'est pas un accident personnel. C'est un problème de système.

J'ai longtemps cru que ce qui m'arrivait était profondément personnel. Puis j'ai regardé les chiffres. Et les chiffres racontent autre chose : ils révèlent un système qui produit, structurellement, exactement ce que j'ai vécu — pas seulement chez moi, mais chez des millions de femmes.

Je pensais pourtant que cette histoire n'était que la conséquence de mes propres erreurs. De décisions mal prises. D'une confiance accordée au mauvais endroit. D'un manque de vigilance que j'aurais dû corriger bien plus tôt.

Et puis j'ai commencé à regarder les chiffres.

Et les chiffres racontent une autre histoire. Non pas celle d'une femme isolée qui aurait failli. Mais celle d'un système qui produit, de manière structurelle et répétée, exactement ce que j'ai vécu. Des millions de fois. Dans des milliers de foyers. Avec des visages différents, des histoires différentes, mais le même dénouement.

Ce chapitre n'est pas là pour absoudre les individus de leurs responsabilités. Il est là pour nommer ce que les chiffres révèlent : que la vulnérabilité financière des femmes n'est pas une exception. C'est une règle.

***

L'écart de retraite — le chiffre qui résume tout

En Suisse, les femmes perçoivent en moyenne une rente de vieillesse inférieure de 37 % à celle des hommes. Trente-sept pour cent. Dans l'un des pays les plus riches et les plus développés du monde, cet écart reste considérable. Source : Office fédéral des assurances sociales (OFAS) et Haute école spécialisée bernoise (BFH), étude sur les écarts de rentes entre femmes et hommes en Suisse. BFH – Gender Pension Gap en Suisse.

Ce chiffre ne s'explique ni par une différence de compétence, ni par une différence d'intelligence. Il est le résultat d'une accumulation de mécanismes qui s'enclenchent progressivement, souvent sans même que les femmes concernées en aient pleinement conscience. Ces mécanismes commencent parfois avant le premier emploi et se renforcent à chaque tournant de vie : la maternité, le temps partiel, les congés non payés, les carrières interrompues.

À cela s'ajoute un système de prévoyance largement construit autour de carrières linéaires et continues. Les années consacrées aux enfants, les revenus réduits et les interruptions de cotisations finissent alors par produire des écarts considérables au moment de la retraite.

Autrement dit : les inégalités financières ne disparaissent pas avec le temps. Très souvent, elles se capitalisent.

En Suisse, les femmes perçoivent encore des rentes de retraite nettement inférieures à celles des hommes. Selon les données publiées par l'Office fédéral de la statistique (OFS) en 2023, elles reçoivent en moyenne environ 36 000 francs par an de prévoyance vieillesse, contre près de 52 000 francs pour les hommes.

Derrière ces chiffres se cache une réalité simple : certaines conséquences financières n'apparaissent qu'avec le temps. Pendant des années, l'écart reste presque invisible. Puis il devient soudainement concret au moment où les revenus du travail disparaissent.

Sources : Office fédéral de la statistique (OFS), 2023 ; Office fédéral des assurances sociales (OFAS), études sur le « gender pension gap » en Suisse.

* * *

Le piège des crèches — quand rester à la maison semble logique

La Suisse fait partie des pays développés où les coûts de garde d'enfants sont les plus élevés au monde. À Genève ou Zurich, une place en crèche à plein temps peut coûter entre 2 500 et 3 500 francs par mois, parfois davantage selon la structure et le niveau de subvention. Dans les cantons moins urbains, les tarifs peuvent être légèrement plus bas, mais les places restent souvent insuffisantes.

Le calcul paraît alors presque rationnel. Si une femme gagne 4 000 francs par mois et qu'une grande partie de ce revenu disparaît dans les frais de garde, la tentation de réduire son activité — ou d'arrêter de travailler quelque temps — devient compréhensible. Sur le papier, cela semble logique. Économique, même.

Sources : comparatifs cantonaux des coûts de garde en Suisse ; analyses OCDE ; données 2025–2026 sur les crèches à Genève et Zurich.

Ce calcul est exact à court terme. Il est désastreux à long terme.

Parce que chaque année passée sans cotiser au deuxième pilier est une année qui ne reviendra jamais. Parce que chaque année d'interruption réduit non seulement le capital accumulé, mais aussi le taux de rente futur. Parce que le temps partiel qui suit souvent cette interruption — pour rester disponible pour les enfants, pour les accompagner, pour gérer l'imprévu — continue de ronger une prévoyance déjà fragilisée.

Et si un jour le couple se sépare, cette femme qui avait fait le choix raisonnable de rester à la maison se retrouve avec des années de cotisations manquantes, un deuxième pilier amoindri, et une capacité de gain réduite par des années d'absence du marché du travail.

Elle avait pris la bonne décision pour sa famille. Elle en paie le prix seule.

***

Le coût réel du temps partiel sur la prévoyance

En Suisse, une femme qui passe de 100 % à 60 % d'activité pendant dix ans ne perd pas seulement une partie de son salaire immédiat. Elle réduit aussi significativement ses cotisations au deuxième pilier. Car dans le système suisse, la prévoyance professionnelle est calculée à partir du salaire coordonné — c'est-à-dire la part du revenu effectivement soumise à la LPP.

En 2024, les revenus inférieurs à 22 050 francs annuels n'étaient même pas soumis à la LPP obligatoire. Résultat : de nombreuses personnes travaillant à temps partiel, en majorité des femmes, cotisent peu — ou pas du tout — au deuxième pilier, parfois sans mesurer les conséquences à long terme.

Selon l'Office fédéral de la statistique, près de 59 % des femmes actives en Suisse travaillent à temps partiel, contre environ 18 % des hommes.

Sources : Office fédéral de la statistique (OFS), données sur le travail à temps partiel ; législation suisse LPP 2024 sur le seuil d'entrée et le salaire coordonné.

Le régime matrimonial — ce que personne n'explique avant de signer

De même, le régime matrimonial légal par défaut est la participation aux acquêts. Cela signifie que les biens acquis pendant le mariage sont partagés en cas de divorce — mais que les biens possédés avant le mariage restent la propriété exclusive de celui qui les possédait.

En apparence, ce régime semble équitable. Dans les faits, il produit des inégalités structurelles importantes.

Voici pourquoi. Pendant les années de mariage, l'homme continue souvent à travailler à plein temps, à accumuler des actifs à son nom, à constituer un patrimoine professionnel. La femme, elle, travaille à temps partiel ou s'arrête temporairement, finance le quotidien, prend en charge ce qui ne s'accumule pas. Ses revenus disparaissent dans les dépenses du foyer. Ses années de travail réduit n'alimentent pas un patrimoine — elles permettent à la famille de fonctionner.

Lors d'un divorce, on partage les acquêts. Mais si l'un n'a presque rien acquis au sens légal du terme, parce que tout ce qu'il gagnait servait à maintenir la vie quotidienne — il n'a presque rien à partager.

Le droit est neutre. La réalité ne l'est pas.

***

Les chiffres du divorce en Suisse et leurs conséquences

Environ quatre mariages sur dix se terminent par un divorce, selon les données de l'Office fédéral de la statistique. Dans certains centres urbains comme Genève, les taux observés sont encore plus élevés. L'âge moyen du divorce se situe autour de 44 ans pour les femmes.

Les conséquences économiques d'une séparation restent très inégalement réparties. En France, les données de l'INSEE montrent que le niveau de vie des femmes chute en moyenne d'environ 20 % après une séparation, contre une baisse nettement plus limitée pour les hommes. Les études suisses observent des dynamiques comparables.

Le partage du deuxième pilier et les pensions alimentaires permettent parfois d'atténuer le choc financier. Mais ils compensent rarement entièrement les années de contribution invisible — celles qui ont soutenu une famille, sans toujours construire une sécurité économique propre.

Sources : Office fédéral de la statistique (OFS), statistiques suisses du divorce ; INSEE, études sur le niveau de vie après séparation.

Le deuxième pilier — la bombe à retardement

Le deuxième pilier suisse est souvent présenté comme l'un des systèmes de prévoyance professionnelle les plus solides au monde. Pour une carrière linéaire, stable et exercée à plein temps pendant plusieurs décennies, c'est souvent vrai. Mais pour beaucoup de femmes, le portrait est différent.

Une interruption de carrière de quelques années ne représente pas seulement des cotisations perdues sur le moment. Elle prive aussi ce capital du temps nécessaire pour croître. Car en matière de retraite, ce ne sont pas uniquement les montants qui comptent. Ce sont les années.

À trente-cinq ans, deux années sans cotisation peuvent déjà représenter, à long terme, plusieurs dizaines de milliers de francs de capital retraite en moins selon le niveau de revenu et le parcours professionnel.

Le temps partiel produit le même mécanisme, plus lentement, mais tout aussi profondément. Une femme qui passe à 60 % pendant dix ans réduit fortement ses cotisations au deuxième pilier sur cette période. Et lorsque le revenu devient trop faible, certaines personnes sortent même entièrement du système de prévoyance professionnelle obligatoire.

Sources : législation suisse LPP 2024 ; Office fédéral des assurances sociales (OFAS) ; analyses sur le « gender pension gap » et les effets du temps partiel sur la prévoyance vieillesse.

Et lorsqu'un conjoint débloque son deuxième pilier — pour acheter un bien immobilier, financer un projet ou traverser une période difficile — les conséquences peuvent réapparaître des années plus tard, au moment du divorce.

Car le partage du deuxième pilier porte avant tout sur les avoirs encore existants. Une partie du capital retiré, utilisée ou consommée entre-temps, peut ne jamais être pleinement reconstituée. Ce qui semblait appartenir au couple finit alors parfois par disparaître silencieusement du patrimoine commun.

C'est exactement ce que j'ai vécu. Sans en comprendre les mécanismes au moment où cela s'est produit.

***

Au-delà de la Suisse — une réalité européenne

La Suisse n'est pas une exception. Elle est un révélateur.

Partout en Europe, les femmes sont confrontées à ce que les économistes appellent le *gender pension gap* — l'écart de retraite entre les hommes et les femmes. Dans l'Union européenne, cet écart avoisine encore 30 %. En Allemagne, il dépasse fréquemment les 40 %. En France, il reste également très élevé, même si le système de retraite par répartition et certains mécanismes correcteurs en atténuent partiellement les effets.

Ce qui change d'un pays à l'autre, ce n'est pas l'existence du problème. C'est la manière dont les États choisissent — ou non — d'en absorber une partie du coût. La France accorde des trimestres de cotisation pour les enfants. L'Allemagne a instauré la *Mütterrente*, une bonification de retraite destinée aux mères. La Suède, elle, investit massivement dans la garde d'enfants afin de maintenir les femmes dans l'emploi.

La Suisse, en revanche, a longtemps reposé sur un modèle où la famille absorbait elle-même une grande partie du coût économique de la maternité. Ce système pouvait encore fonctionner dans une société fondée sur des carrières stables et des unions durables. Il devient beaucoup plus fragile dans un monde où les trajectoires professionnelles se fragmentent et où près d'un mariage sur deux finit par se dissoudre.

Le monde a changé. Le système, lui, a été plus lent à s'adapter.

***

*Partout en Europe, les femmes perçoivent des retraites inférieures à celles des hommes. Ce que les économistes appellent le *gender pension gap* reste massif dans la plupart des pays développés. Selon les données Eurostat, il dépasse encore largement les 30 % dans plusieurs pays européens, notamment en Suisse, en Allemagne, en Autriche ou aux Pays-Bas. À l'inverse, les pays nordiques et baltes affichent des écarts beaucoup plus faibles.*

La différence ne tient pas uniquement aux salaires. Elle reflète aussi des choix de société.

Les pays où l'écart de retraite est le plus réduit sont souvent ceux qui ont investi massivement dans des politiques publiques destinées à limiter le coût économique de la maternité : garde d'enfants accessible, congé parental partagé, maintien des cotisations sociales pendant certaines interruptions d'activité, soutien au retour à l'emploi.

Autrement dit : l'écart de retraite n'est pas seulement un indicateur d'inégalité économique. C'est aussi un révélateur politique. Il montre concrètement ce qu'une société décide — ou non — de protéger.

*Sources : Eurostat, *Gender Pension Gap* (données 2023–2024) ; OCDE ; études européennes sur les retraites et les inégalités femmes-hommes.*

Que faut-il faire ?

La question est légitime. Et elle mérite une réponse honnête — pas utopique.

Du côté des systèmes, plusieurs pistes existent et certains pays les ont déjà empruntées. Subventionner massivement la garde d'enfants pour que le calcul économique cesse de pencher vers l'arrêt de travail. Introduire des trimestres ou des bonifications de cotisation pour les années consacrées à l'éducation des enfants, comme le fait la France. Rendre le congé parental réellement partagé, pour que le coût professionnel de la parentalité soit réparti entre les deux membres du couple. Revoir le seuil d'entrée dans la LPP pour que les travailleurs à temps très partiel — dont la majorité sont des femmes — ne soient plus exclus de la prévoyance obligatoire.

Ces réformes existent. Elles font débat. Elles avancent lentement. Et dans l'intervalle, des milliers de femmes traversent exactement ce que j'ai traversé — sans filet, sans information, sans avoir compris à temps.

Ces actions ne remplacent pas une politique publique. Aucune femme, agissant seule, ne peut compenser l'écart de trente-sept pour cent que des décennies de structure ont creusé. Si les choses doivent changer à l'échelle de la

Suisse, elles changeront parce que nous serons nombreuses à le demander — par notre vote, par les organisations que nous soutenons, par les conversations que nous accepterons enfin d'avoir publiquement.

Mais en attendant que le système évolue — et il évoluera, plus vite si nous sommes plus nombreuses — voici ce que tu peux faire dès aujourd'hui, à ton échelle, pour ne plus laisser la structure décider à ta place.

Rester dans l'emploi, même à temps partiel réduit, pour ne pas sortir du deuxième pilier. Négocier le taux d'activité avant d'accoucher, pas après. Vérifier chaque année son relevé de prévoyance. Comprendre les conséquences d'un déblocage du deuxième pilier avant de signer. Construire un troisième pilier à son propre nom. Connaître son régime matrimonial et ses implications.

Ce ne sont pas des gestes de méfiance. Ce sont des gestes de présence.

Non pas changer le système à la place du système, mais ne plus laisser le système décider à ta place.

***

Ce que ce chapitre enseigne — règles et actions

La vulnérabilité financière des femmes n'est pas une exception individuelle. C'est un mécanisme structurel. Comprendre ce mécanisme est le premier pas pour cesser d'en être le résultat.

Règle 16. L'arrêt de travail pour élever un enfant a un coût financier précis, calculable, et souvent sous-estimé. Ce coût ne se voit pas dans le présent. Il apparaît à 65 ans, sous la forme d'une rente amputée. Avant toute interruption d'activité, calcule concrètement ce que cela représente pour ta retraite — pas seulement pour ton budget mensuel.

Règle 17. Le temps partiel rogne la prévoyance de manière invisible. En dessous de 22 050 francs de salaire annuel, le deuxième pilier obligatoire n'existe plus. Si tu travailles à très faible taux, vérifie si tu es encore assurée — et si ce n'est pas le cas, explore les options de prévoyance volontaire.

Règle 18. Le régime matrimonial par défaut en Suisse ne protège pas automatiquement la contribution invisible. Les années passées à financer le quotidien, à gérer la famille, à permettre à l'autre de construire — tout cela n'est pas automatiquement valorisé par la loi. Consulte un notaire ou un avocat pour comprendre ce que ton régime matrimonial implique concrètement.

Règle 19. Un mariage sur deux se termine par un divorce. La protection financière d'une femme ne peut pas reposer uniquement sur la durée du mariage. Elle doit exister indépendamment de la relation — à son nom, sous sa maîtrise, visible dans ses relevés.

Action 1. Demande dès cette semaine ton relevé de compte individuel auprès de ta caisse de pension (deuxième pilier). Ce document indique ton capital accumulé, ton taux de rente projeté et les années éventuellement manquantes. Si tu ne l'as jamais lu, commence là.

Action 2. Ouvre un compte de troisième pilier à ton propre nom si ce n'est pas encore fait. En Suisse, le troisième pilier lié (3a) permet de déduire jusqu'à 7 258 francs de ton revenu imposable par an (2024). C'est un des rares avantages fiscaux accessibles à toute personne salariée.

Action 3. Avant de réduire ton taux d'activité ou de t'arrêter de travailler, fais simuler l'impact sur ta retraite par ta caisse de pension. La plupart des caisses suisses offrent ce service gratuitement. Une simulation de dix minutes peut changer une décision qui engage des décennies.

Action 4. Renseigne-toi sur ton régime matrimonial. Si tu es mariée en Suisse sans contrat spécifique, tu es soumise à la participation aux acquêts.

Comprendre ce que cela signifie concrètement — ce qui sera partagé, ce qui ne le sera pas, comment le deuxième pilier est traité au divorce — est une connaissance de base que toute femme mariée devrait avoir. Un rendez-vous d'une heure avec un notaire suffit pour l'essentiel.

Personne ne construira ta sécurité à ta place.

PARTIE IV

Ce que j'ai laissé s'installer

Chapitre 6 — La délégation silencieuse

Comment on cesse, sans le voir, de participer à sa propre vie

Les chiffres expliquent un système. Ils n'expliquent pas comment on vit dedans. Pour comprendre comment une femme qui connaissait les règles a pu cesser de les appliquer chez elle, il faut revenir à un soir précis. À une maison. À une signature qui semblait sans importance.

Le problème n'était pas uniquement financier. Bien avant les pertes, bien avant les décisions risquées, quelque chose s'était installé en moi — une croyance presque instinctive, si profondément ancrée que je ne la voyais même plus : celui qui possède l'argent sait naturellement mieux le gérer.

Cette idée ne venait pas de lui. Elle existait avant lui. Elle s'était construite discrètement, au fil de l'enfance, à travers les équilibres observés dans ma famille, les modèles que j'avais fini par considérer comme naturels simplement parce qu'ils avaient toujours existé ainsi. Sans que je m'en rende compte, j'avais associé la sécurité financière à une figure extérieure à moi-même.

Ce glissement-là, personne ne me l'avait enseigné. Il s'était simplement déposé.

* * *

Une des choses qui me faisait le plus souffrir dans mon couple, ce n'était pas uniquement l'argent. C'était la manière dont les décisions étaient prises.

J'avais grandi dans un modèle familial où l'homme portait naturellement certaines responsabilités et où beaucoup de décisions importantes semblaient lui revenir presque automatiquement. Ma mère soutenait, accompagnait, faisait fonctionner l'équilibre du foyer avec une force immense mais souvent silencieuse.

Sauf que moi, je n'étais pas ma mère. Je vivais dans une autre époque, dans un autre pays, dans un autre contexte. Et surtout, j'avais un caractère fort, une capacité de réflexion, une vision. Au fond de moi, quelque chose résistait.

Ce que je reprochais souvent au père de mes enfants, ce n'était pas seulement les décisions elles-mêmes. C'était le fait qu'elles soient déjà prises avant même que la discussion n'existe réellement. Les réflexions étaient menées seul. Les arbitrages étaient faits seul. Et ensuite venait simplement le moment de m'annoncer ce qui avait été décidé.

Pour les sujets du quotidien, cela pouvait passer. Mais pour tout ce qui avait un impact majeur sur notre avenir — les biens immobiliers, les investissements, les choix stratégiques pour la famille — je n'étais pas réellement intégrée au processus.

Or, participer à une décision, ce n'est pas simplement être informée après coup. Participer, c'est pouvoir réfléchir ensemble. Poser des questions. Exposer les risques. Peser les avantages et les inconvénients. Regarder les conséquences possibles. Confronter les visions. Et ensuite seulement, choisir le chemin qui semble le plus juste pour la famille.

Mais cela, nous ne le faisions presque jamais.

***

Je me souviens encore du jour où j'ai signé l'acte de vente de notre maison familiale.

Je revenais du travail. J'étais épuisée. J'avais encore mon tailleur sur moi. Dans ma tête, je pensais déjà au repas du soir, aux enfants, à tout ce qu'il fallait encore gérer avant la nuit. Comme beaucoup de femmes, je vivais dans cette charge mentale permanente où chaque minute de la soirée appartient déjà aux responsabilités familiales.

Quand je suis rentrée, il avait préparé les documents.

> *« Je t'avais dit qu'il fallait que tu signes des papiers. C'est important. »*

Je n'étais même pas encore changée. Mon sac était encore posé près de l'entrée. J'étais debout entre deux obligations, dans cet état de fatigue où l'on fonctionne presque automatiquement.

> *« En Suisse, il faut que tu signes l'acte de vente. »*

Et moi, intérieurement, je me suis simplement dit : c'est sa maison, il l'a achetée, donc je dois signer.

Aujourd'hui encore, ce souvenir me bouleverse par la neutralité émotionnelle dans laquelle j'étais.

Je n'ai pas posé de questions. Je n'ai pas demandé de temps pour réfléchir. Je n'ai pas demandé conseil. Je n'ai même pas véritablement lu les documents.

Pas parce que j'étais incapable de comprendre. Mais parce que le fonctionnement du couple m'avait progressivement habituée à cela. Les grandes décisions arrivaient souvent dans l'urgence. À la va-vite. Entre deux obligations. Sans véritable espace de discussion.

> *« Il faut signer ça. »*

> *« C'est urgent. »*

> *« Il faut faire ça. »*

Et moi, je suivais. Parce que j'avais confiance.

Et c'est probablement là que se trouvait l'erreur la plus profonde. Pas dans l'amour. Pas dans la volonté de construire ensemble. Mais dans cette idée dangereuse selon laquelle la confiance dispense de comprendre.

***

Le deuxième pilier suisse — ce que beaucoup de femmes ignorent

En Suisse, le deuxième pilier — la prévoyance professionnelle — représente souvent la part la plus importante du patrimoine d'un couple. Il s'accumule pendant les années d'activité et constitue une réserve majeure pour la retraite. En cas de divorce, le deuxième pilier acquis pendant le mariage est partagé entre les deux époux — sauf accord contraire homologué par un juge. En cas de déblocage anticipé pour l'achat d'un logement ou d'un investissement, cet argent doit être remboursé si les conditions changent. Signer pour autoriser le déblocage du deuxième pilier de son conjoint engage des droits que beaucoup de femmes ignorent. Comprendre ces règles avant de signer est non négociable.

Je l'ai vécu aussi lorsqu'il a voulu débloquer son deuxième pilier pour investir dans son activité indépendante.

Là encore, je revenais du travail. Là encore, il fallait signer rapidement.

À cette époque, je ne connaissais presque rien du système de prévoyance suisse. Je ne savais pas réellement ce que représentait le deuxième pilier. Je ne savais pas quelles pouvaient être mes protections ou mes droits dans le cadre du mariage. Alors quand il m'expliquait qu'il avait besoin de cet argent pour son activité, je pensais immédiatement : c'est pour la famille.

Dans un couple, on ne fait pas spontanément des calculs juridiques ou patrimoniaux. On pense en termes de confiance, de soutien, de projet commun.

Quand il a décidé de vendre notre maison familiale, puis plus tard la maison de vacances, l'argument était toujours le même : investir dans son activité indépendante. Et honnêtement, je voulais sincèrement qu'il réussisse. Je croyais en lui. Je voulais le soutenir. S'il fallait faire des sacrifices pour permettre à son projet de grandir, j'étais prête.

C'est cela aussi, aimer quelqu'un : vouloir profondément sa réussite.

Mais aimer ne devrait jamais signifier s'effacer totalement des décisions. Parce qu'en réalité, j'avais mon mot à dire. Et si j'avais eu plus d'informations, plus de conscience de mes droits et des implications juridiques de certaines décisions, j'aurais certainement agi autrement.

***

La psychologie de la délégation — ce que la recherche dit

La chercheuse américaine Kathleen Vohs, spécialiste de la psychologie de l'argent, a montré à quel point notre rapport aux décisions financières influence notre sentiment d'autonomie et de contrôle sur notre propre vie.

Lorsqu'une personne délègue entièrement la gestion financière à quelqu'un d'autre pendant des années, une forme de distance psychologique peut progressivement s'installer. Plus cette distance grandit, moins on se sent légitime pour intervenir. Et moins on intervient, plus l'impression d'incompétence ou de dépendance se renforce.

Le processus est rarement brutal. Il s'installe lentement. Silencieusement. Jusqu'au moment où une crise — séparation, perte d'emploi, décès, difficulté financière — révèle soudainement une réalité dont on s'était peu à peu éloigné.

Avec le recul, je vois aujourd'hui un véritable schéma. Une manière de fonctionner installée progressivement dans notre relation. Je ne pense pas forcément qu'il y avait une intention malveillante derrière chaque situation.

Mais il existait clairement un déséquilibre dans la manière dont les décisions étaient amenées, expliquées et exécutées.

Le problème, c'est que lorsque les choses se brisent, le regard change brutalement. C'est souvent après une séparation que les vraies questions apparaissent.

« Pourquoi ai-je accepté cela sans poser de questions ? »

« Pourquoi ne me suis-je jamais renseignée ? »

« Pourquoi ai-je cru que comprendre était inutile puisque j'aimais et que je faisais confiance ? »

Puis viennent les discussions avec les avocats, les notaires, les professionnels. Et c'est là que l'on découvre parfois que certaines décisions auraient pu être prises autrement. Que certains droits existaient. Que certaines protections étaient possibles. Et cette prise de conscience peut être extrêmement douloureuse — parce qu'elle oblige à regarder en face tout ce que l'on n'a pas voulu voir. Ou tout ce que l'on n'a jamais appris à voir.

Ce qui me trouble encore aujourd'hui, c'est que mon intuition me parlait depuis longtemps. Je ressentais les déséquilibres. Je percevais les incohérences. Mais je n'ai pas donné assez de place à cette voix intérieure. Parce que dans un couple, écouter son intuition financière peut ressembler à de la méfiance. Parce que poser des questions peut sembler mettre en doute la bonne foi de l'autre. Parce qu'exiger de comprendre peut passer pour du contrôle.

Ces peurs-là sont réelles. Et elles sont précisément ce qui empêche beaucoup de femmes de participer pleinement à leur propre sécurité financière.

Comprendre ne détruit pas l'amour. Comprendre protège la relation autant que soi-même.

***

Ce que la délégation silencieuse m'a appris

Faire confiance est une force. S'absenter de sa propre sécurité financière est une vulnérabilité. Les deux peuvent coexister pendant des années — jusqu'au jour où l'on n'a plus le choix de regarder.

Règle 20. Faire confiance ne dispense jamais de comprendre. Aimer quelqu'un ou reconnaître sa compétence ne devrait jamais conduire à abandonner la compréhension des décisions qui engagent sa propre sécurité. La confiance saine coexiste avec la visibilité, les questions et une compréhension minimale des enjeux.

Règle 21. Les décisions urgentes méritent encore plus d'attention que les autres. La fatigue, la charge mentale, l'urgence présentée comme évidente — ce sont les conditions dans lesquelles les signatures les plus lourdes de conséquences sont souvent obtenues. Prendre vingt-quatre heures avant de signer un document important n'est jamais une mauvaise décision.

Règle 22. Ce que l'on ne regarde plus finit par nous échapper. Les comptes, les crédits, les investissements, les engagements fiscaux peuvent devenir progressivement opaques lorsqu'une seule personne les gère. Et plus la distance s'installe, plus il devient difficile — et douloureux — d'y revenir.

Règle 23. Écouter son intuition financière n'est pas de la méfiance. C'est de la responsabilité. Si quelque chose te dérange dans une décision — un document qu'on te presse de signer, une information qu'on tarde à te donner, une explication qui reste vague — cette sensation mérite d'être entendue, pas étouffée.

Action 1. Le dossier de visibilité. Cette semaine, ouvre un carnet ou un dossier numérique intitulé Ma réalité financière. Rassembles-y progressivement : les comptes et leurs soldes, les crédits et dettes, les assurances, les placements, les documents liés à la retraite et au deuxième pilier, les actifs détenus à ton nom ou en commun, les engagements financiers du foyer. Puis pose-toi une seule question, honnêtement : si demain je devais expliquer notre situation financière à quelqu'un d'extérieur, serais-je capable de le faire seule ? Si la réponse est non — c'est un signal. Et c'est précisément là que commence la reprise de ta présence financière.

Action 2. Avant de signer quoi que ce soit d'important, pose ces trois questions : De combien de temps est-ce que je dispose pour lire et comprendre ce document ? Quelles sont les conséquences si je refuse ou si je reporte ma signature ? Qui puis-je consulter avant de signer ? Un notaire, un avocat, une amie de confiance, un conseiller financier indépendant — une deuxième paire d'yeux sur un document important peut changer le cours d'une vie.

Chapitre 7 — La disparition silencieuse

Genève · premier enfant · les premières fissures

Il y a eu un moment, bien avant que l'argent ne devienne le problème, où j'ai cessé d'être présente dans ma propre vie. Personne ne l'a vu — moi-même la dernière. Mais c'est là, je le crois aujourd'hui, que tout a commencé.

J'avais accouché dans l'une des meilleures cliniques de Genève. Le cadre était rassurant, l'équipe médicale compétente. Et pourtant.

L'accouchement a été très difficile. J'ai frôlé une septicémie. J'étais fiévreuse. Mon fils est resté plusieurs jours sous antibiotiques. Mon corps était épuisé d'une manière que je n'avais jamais connue — mais c'est ce qui s'est effondré intérieurement qui a été le plus durable.

Quand je suis rentrée à la maison, j'ai découvert une fatigue d'un autre ordre. Pas la fatigue d'une nuit blanche. Pas celle d'une semaine de travail intense. Une fatigue qui semblait toucher directement ma conscience. Je me réveillais le matin dans un brouillard intérieur. Comme si j'étais présente physiquement mais absente de l'intérieur.

Je n'avais envie de rien.

Cette absence d'élan concernait même les gestes les plus essentiels. Je n'avais pas envie de prendre soin de moi. Je n'avais pas envie de manger. Parfois, je n'avais pas la force mentale de penser à nourrir mon bébé à temps. Je faisais les choses mécaniquement. Sans joie. Sans énergie. Sans véritable présence.

***

Je ne mettais aucun mot sur ce que je vivais. Je pensais simplement que j'étais faible. Ou incapable de gérer cette nouvelle vie. Et je me taisais, nourrie par cette croyance étrange que les personnes qui nous aiment devraient deviner nos besoins sans que nous ayons à les exprimer.

Je pensais que ma souffrance se voyait. Je pensais que mon épuisement parlait à ma place.

Il ne parlait pas.

J'étais seule. Ma mère était au Bénin — ma sœur venait d'accoucher un mois plus tôt et elle ne pouvait pas quitter le pays. Ma belle-mère, qui devait rester plusieurs semaines, n'est finalement restée que deux jours. Et le père de mon fils, malgré son congé paternité, était très peu présent. Il utilisait ce temps pour d'autres obligations. Je me retrouvais seule à la maison avec un nouveau-né, alors que j'étais moi-même en train de sombrer.

La naissance d'un enfant transforme tout. Elle fait passer un couple à une famille. Ce mouvement aurait dû nous rapprocher, nous obliger à nous organiser différemment, à penser à deux ce que chacun portait jusqu'alors seul. Mais ce que cette période a révélé, au contraire, c'est que nous continuions de fonctionner comme deux individus parallèles — chacun dans son monde, chacun dans ses responsabilités — alors que quelque chose d'entièrement nouveau venait de naître entre nous.

L'absence de concertation que j'allais vivre dans les années suivantes avait peut-être commencé là. Dans ce silence. Dans ces premières semaines où personne n'avait nommé ce qui se passait. Ni lui. Ni moi.

***

Je me souviens du jour où mon père est venu me rendre visite.

Il a trouvé mon fils posé sur le canapé, sans couverture, sans les petites attentions instinctives qu'une mère apporte normalement à son nouveau-né. Et moi, j'étais là — épuisée, débraillée, absente.

Je crois que c'est à ce moment-là qu'il a compris que quelque chose n'allait pas. Ce qu'il voyait dépassait largement la fatigue normale d'une jeune mère.

Il a pris les choses en main. Il a organisé la venue de ma mère depuis l'Afrique. Et c'est là que j'ai commencé lentement à revenir à moi-même. À remanger correctement. À reprendre des forces. À retrouver un peu de présence intérieure.

Mais le traumatisme est resté longtemps.

Pendant presque une année entière, j'ai été incapable de regarder les photos de mon accouchement ou des premières semaines après la naissance. Chaque image me replongeait immédiatement dans la douleur de cette période. Quand je regardais mon visage sur ces photos, je ne voyais pas une jeune mère heureuse. Je voyais une femme perdue. Éteinte. Vide.

***

Aujourd'hui, je sais que je traversais un post-partum. À l'époque, ce mot n'existait pas dans ma tête. Il n'existait pas non plus dans les conversations de mon entourage. On ne m'avait pas appris à le reconnaître. On ne m'avait pas appris à demander de l'aide.

On m'avait appris à tenir.

Le post-partum est une réalité dont on parle encore trop peu honnêtement. On montre les bébés, les chambres décorées, les premiers sourires. Mais on parle moins de cette sensation de disparition intérieure que certaines femmes traversent après un accouchement. Cette impression étrange d'avoir donné la vie tout en ayant l'impression, pendant un temps, d'avoir perdu le contact avec la sienne.

* * *

Le post-partum en Suisse — des chiffres qui restent invisibles

Selon les données de l'Office fédéral de la santé publique, environ 10 à 15 % des femmes en Suisse développent une dépression post-partum après un accouchement.

Et pourtant, de nombreux cas restent encore non diagnostiqués ou insuffisamment pris en charge. Non pas parce que les soins n'existent pas, mais parce que l'épuisement psychique des jeunes mères est souvent banalisé. La fatigue devient « normale ». Les larmes aussi. Beaucoup de femmes finissent alors par considérer leur souffrance comme une simple étape à traverser en silence.

En Suisse, la consultation post-natale et certains suivis par sage-femme sont pris en charge par l'assurance maladie de base dans les semaines qui suivent l'accouchement. Le médecin traitant, le gynécologue, la sage-femme ou les services de psychiatrie périnatale constituent généralement les premiers recours disponibles.

Sources : Office fédéral de la santé publique (OFSP) ; recommandations suisses de psychiatrie périnatale ; assurance maladie obligatoire (LAMal).

Une femme qui vient d'accoucher n'a pas seulement besoin de conseils pratiques. Elle a besoin d'être portée, entourée, nourrie émotionnellement — et protégée le temps de retrouver lentement la lumière en elle.

Ce n'est pas un luxe.

Et personne ne m'avait dit que le demander était permis.

***

Je crois que c'est dans ces semaines-là que la voix qui posait des questions s'est tue pour la première fois.

Pas tout à fait éteinte. Endormie.

Une fois qu'une voix s'est tue, on apprend à vivre sans elle. On apprend à laisser quelqu'un d'autre poser les questions. À laisser quelqu'un d'autre décider. Et sans le savoir, j'ai porté ce silence avec moi pendant les années qui ont suivi — jusque dans les conversations financières où il aurait pourtant été vital de la retrouver.

La violence financière qui m'a frappée plus tard n'a pas commencé un jour de marché boursier en chute. Elle a commencé un soir d'automne, dans une chambre genevoise, avec un nouveau-né dans les bras et une jeune femme qui n'avait plus la force de demander de l'aide.

Ce silence est l'un des coûts les plus invisibles du post-partum non traité. Personne ne le calcule. Personne ne le voit. Et pourtant, il peut coûter une vie financière entière.

***

Ce que ce chapitre enseigne

Le post-partum non traité est souvent invisible — pour la femme elle-même et pour ceux qui l'entourent. Ces règles et actions sont là pour nommer ce qui reste trop souvent sans nom.

Règle 24. Le post-partum peut durer des mois et passer inaperçu. Fatigue extrême, absence d'élan, brouillard émotionnel — ces symptômes sont souvent normalisés. Ils ne le sont pas. Si tu reconnais ces signes en toi ou dans une femme proche, cherche de l'aide sans attendre.

Règle 25. Demander de l'aide n'est pas échouer. C'est agir. La croyance que les personnes qui nous aiment devraient deviner nos besoins sans qu'on les exprime est l'une des plus coûteuses qui soit — émotionnellement, et parfois financièrement.

Règle 26. Un couple devient une famille à la naissance d'un enfant. Ce basculement nécessite une réorganisation consciente — pas seulement logistique, mais décisionnelle. Qui prend quelles décisions ? Qui est informé de quoi ? Qui signe quoi ? Ces questions méritent d'être posées à voix haute, pas laissées à la dérive de l'implicite.

Action 1. Si tu es enceinte ou si tu viens d'accoucher, parle à ton médecin ou à ta sage-femme du post-partum avant qu'il arrive. Demande-leur comment le reconnaître et vers qui se tourner. La consultation post-natale est remboursée par l'assurance maladie de base jusqu'à 56 jours après l'accouchement.

Action 2. Avant ou peu après une naissance, prenez le temps à deux de poser les questions financières et organisationnelles que personne ne pose jamais : Qui gère les comptes pendant le congé maternité ? Quelles décisions importantes sont attendues dans les prochains mois ? Qui signe quoi ? Cette conversation prend une heure. Elle peut éviter des années de déséquilibre installé dans le silence.

Personne ne construira ta sécurité à ta place.

PARTIE V

Ce que j'ai traversé

Chapitre 8 — La violence financière

Ce que l'on ne voit pas parce qu'on ne veut pas voir

Pendant longtemps, j'ai pensé que la violence financière était une chose qui arrivait à d'autres. À des femmes plus naïves. À des femmes moins éduquées. À des femmes que je pouvais regarder de loin, avec compassion, en pensant : ça ne pourrait pas m'arriver à moi.

Des noms comme Kiervel ou Madoff me semblaient appartenir à une autre catégorie du réel. Celle des grands scandales financiers dont on parle dans les journaux et les documentaires — des hommes dont les excès finissent en procès médiatisés, en films, en chiffres astronomiques que l'esprit peine à saisir. Je ne savais pas encore qu'il existait aussi des versions silencieuses de ces drames. Des effondrements qui ne détruisent pas des institutions, mais des familles. Des décisions prises derrière les portes fermées des foyers. Des pertes invisibles qui engloutissent lentement la sécurité entière d'un couple pendant que le reste du monde continue de croire que tout va bien.

Et sans le comprendre encore, je m'en approchais déjà.

* * *

Ce que la violence financière est vraiment

J'imaginais la violence financière comme quelque chose d'évident à reconnaître. Des femmes privées d'argent, empêchées de travailler, contrôlées dans chacune de leurs dépenses, vivant sous une domination visible que l'on pouvait immédiatement identifier comme abusive. Je me suis souvent demandé si ma mère serait restée avec mon père si elle avait eu son indépendance financière. La réponse est clairement non. Et j'ai toujours estimé que les sacrifices qu'elle avait consentis étaient dévastateurs — pas parce qu'elle n'aimait pas sa famille, mais parce que rester sans avoir le choix de partir n'est pas de l'amour. C'est de la dépendance.

La liberté d'une femme commence, essentiellement, avec sa liberté financière. Une femme qui travaille, qui cotise, qui possède quelque chose à son nom a le choix. Elle peut rester parce qu'elle l'a décidé. Elle peut partir si la relation menace son équilibre. C'est cette liberté fondamentale que j'avais décidé de préserver, quoi qu'il arrive. Et pourtant, malgré cette conviction, malgré mon emploi maintenu pendant toute ma vie de couple, malgré mon salaire, malgré ma carrière dans la finance — j'allais expérimenter l'une des formes les plus destructrices de violence financière silencieuse. Parce que la violence financière ne commence pas toujours par une interdiction. Elle commence souvent par une opacité. Par un brouillard qui s'installe si lentement qu'on finit par le prendre pour du brouillard naturel.

***

Les premiers signes

Je ne me souviens pas du moment exact où j'ai cessé de savoir réellement ce qui se passait dans nos finances communes. Cela ne s'est pas produit en une seule décision. C'était plus diffus que cela. Une signature faite rapidement. Une réponse vague acceptée parce que les enfants réclamaient quelque chose au même moment. Une discussion reportée au lendemain. Puis au mois suivant. Puis à plus tard. Progressivement, un brouillard financier s'est installé. Et ce brouillard avait quelque chose de profondément trompeur : il coexistait avec une vie qui, de l'extérieur, semblait encore parfaitement normale. Le père de mes enfants avait quitté son emploi pour se lancer à son compte, en s'appuyant sur un actif qu'il avait découvert lors de ses études dans de prestigieuses universités américaines : le Bitcoin. Nous étions en 2016. Il en était convaincu avec une certitude presque religieuse : cet actif atteindrait un jour 200 000 francs. À l'époque, il oscillait entre 1 000 et 3 000 dollars.

Son bureau s'était transformé en laboratoire de marchés. Il suivait les courbes des heures entières, lisait, analysait, échangeait. Notre maison était devenue un salon de discussion sur les cryptomonnaies. Des amis, des proches, tous passaient. La Suisse elle-même se positionnait : Zoug devenait la Crypto Valley, attirant des entreprises spécialisées avec des avantages fiscaux. Les astres semblaient alignés. J'étais à la fois curieuse et sceptique. L'or possède une matérialité rassurante. On peut le tenir, le stocker, le transmettre. Sa valeur traverse les siècles parce que les sociétés humaines ont collectivement décidé, génération après génération, qu'il représentait quelque chose de précieux. Le Bitcoin, lui, ne repose sur aucune matière tangible. Pas de métal. Pas d'État. Pas de banque centrale. Seulement une architecture informatique… et la confiance de ceux qui acceptent d'y croire. Et pourtant, pendant un moment, cette croyance fut suffisamment puissante pour créer des centaines de milliards de dollars de valeur.

Il me parlait d'opportunité historique avec cette nouvelle finance décentralisée. D'indépendance financière. D'avenir. Comme beaucoup de professionnels de la finance, il croyait comprendre les marchés suffisamment pour maîtriser le risque. Mais les marchés financiers ne sont pas uniquement des systèmes mathématiques. Ils sont traversés par l'ego, la peur, l'excès de confiance — cette illusion dangereuse qui pousse certaines personnes à croire qu'elles maîtrisent quelque chose qui reste profondément imprévisible.

***

Comment on perd tout en pensant encore avoir raison — le levier

Le levier consiste à emprunter pour investir davantage que ce que l'on possède réellement. Avec 10 000 francs et un levier de 10, un investisseur peut contrôler jusqu'à 100 000 francs sur le marché.

Quand les prix montent, les gains paraissent spectaculaires. Une hausse relativement limitée peut suffire à multiplier rapidement le capital initial. C'est précisément ce qui rend le levier si dangereux psychologiquement : au début, il fonctionne.

Le problème apparaît lorsque les marchés se retournent. Avec un levier important, une baisse relativement faible peut suffire à effacer presque entièrement le capital. Le courtier exige alors de nouveaux fonds pour maintenir les positions ouvertes : c'est l'appel de marge. Et si l'investisseur ne peut pas payer, les positions sont liquidées automatiquement, souvent dans les moments de panique où les marchés chutent déjà brutalement.

Mais le piège le plus profond est rarement technique. Il est psychologique. Celui qui gagne beaucoup grâce au levier finit souvent par croire que ces gains proviennent de son intelligence plutôt que du contexte de marché. Et lorsque les pertes commencent, beaucoup cherchent non pas à s'arrêter, mais à récupérer ce qui a été perdu. C'est souvent à cet instant que commencent les véritables effondrements.

Le COVID, ou la fin du brouillard

À Genève, quelque chose commença à se fissurer à la fin du mois de février 2020, lorsque les premiers cas de COVID-19 furent officiellement confirmés en Suisse. Puis tout s'accéléra. En quelques semaines seulement, les écoles fermèrent, les rues se vidèrent, les frontières se tendirent et une inquiétude diffuse s'installa dans les gestes les plus ordinaires du quotidien.

Au fond de moi, pourtant, je croyais encore que cette période nous rapprocherait. Je m'imaginais que le fait de travailler depuis la maison, de ralentir ensemble, de nous occuper des enfants côte à côte nous obligerait à nous retrouver autrement. Je pensais qu'avec suffisamment d'organisation, de lucidité et de bonne volonté, nous réussirions à traverser cette tempête ensemble.

Mais, en réalité, nous ne nous croisions presque plus. Lui, enfermé au troisième étage dans son bureau. Moi, installée au premier niveau, dos à la fenêtre donnant sur la rue d'Hermance. Nous vivions sous le même toit, mais chacun semblait déjà habiter un monde différent. Et entre nous, il y avait les enfants, perdus dans les cours en ligne, essayant tant bien que mal de s'occuper seuls pendant que nous terminions nos journées de travail derrière nos écrans.

Un jour, alors que je me préparais pour une présentation importante devant mon management, la connexion internet s'est brutalement interrompue. Dans notre commune, ce genre de coupure arrivait parfois. Mais cette fois-ci, quelque chose était différent. Impossible de relancer le routeur. Plus aucun signal. Puis un message de Swisscom apparut sur mon écran : la ligne avait été suspendue.

Quand j'ai demandé des explications, la réponse fut simple, presque anodine : un oubli de paiement. Pourtant, Swisscom ne suspend pas une ligne pour un simple retard d'un mois. J'ai essayé de me convaincre qu'il s'agissait d'un incident isolé. Mais quelques semaines plus tard, la même scène s'est reproduite.

Cette fois-là, quelque chose en moi a compris avant même que je ne sois prête à l'accepter : il ne payait plus les factures. Et malgré cela, mon esprit refusait encore d'imaginer le pire. La somme due était dérisoire. Quelques centaines de francs tout au plus. Comment une situation grave pouvait-elle commencer par quelque chose d'aussi petit ? Bizarrement la connexion fut rétablie dans la même journée.

Mais quelques jours plus tard, la poste a sonné. Un commandement de payer. 45 000 francs dus au fisc genevois.

En douze ans en Suisse, je n'avais jamais vu ça. Le tournis m'a prise. J'ai failli tomber.

Quand je lui ai posé la question, il a répondu avec cette assurance calme qui m'avait toujours rassurée : ne t'inquiète pas, tout est sous contrôle. Et il est retourné dans son bureau.

Je restais pensive pendant de longues minutes. J'étais déjà entrée dans cette phase silencieuse qu'est le déni. Les signes commençaient à s'accumuler, les incohérences devenaient de plus en plus visibles, mais mon esprit refusait encore d'en mesurer la portée réelle. Il m'était impossible d'imaginer qu'un gouffre aussi profond était déjà ouvert sous nos pieds, prêt à engloutir tout ce que nous avions construit.

Cet épisode marqua clairement la fin de la sécurité apparente dans laquelle je croyais encore vivre. Pour la première fois, une fissure visible traversait le décor que je m'efforçais de maintenir debout. Mais je ne le savais pas encore : ce n'était que la partie émergée de l'iceberg.

***

Le premier crash

Durant cette même période, les marchés mondiaux entrèrent dans une zone de turbulence d'une brutalité rare. Ce qui n'était au départ qu'une crise sanitaire bascula progressivement en crise financière mondiale. Jour après jour, les écrans se teintaient de rouge, les indices s'effondraient et l'incertitude contaminait désormais autant les économies que les esprits. En quelques semaines, ce que beaucoup pensaient stable, solide ou prévisible révéla sa fragilité face à un événement que personne ne maîtrisait réellement.

Je ne le vis pas de toute la journée. J'appris plus tard qu'en ce jour-là, il avait perdu des milliers de francs.

Ce fut le début de l'effondrement.

Je le voyais de plus en plus rarement. Et lorsque nous nous retrouvions pour dîner, il était soit calme, soit étrangement de bonne humeur — jouant aux échecs avec les enfants, s'occupant des devoirs de mon fils. Il était impossible de soupçonner ce qui se passait dans ce bureau qui devenait, jour après jour, le mur entre nous.

Après le krach boursier, j'eus l'impression de le perdre complètement. Je ne le voyais presque plus. Il passait ses journées enfermé dans son bureau et travaillait souvent bien au-delà de trois heures du matin. La nuit, les bips incessants des écrans retentissaient régulièrement dans la maison, signalant des franchissements de seuils, des alertes, des mouvements de marché.

Une nuit, l'un de ces signaux sonores éclata si brutalement dans le silence que je me réveillai en sursaut, le cœur battant à une vitesse folle, avec la sensation réelle de faire une crise cardiaque. Je lui demandai de ne plus jamais apporter son téléphone dans la chambre. Mais ce qui me bouleversa le plus ne fut pas le bruit. Ce fut sa réaction. Aucun mot. Aucune excuse. Aucun signe de regret ou d'inquiétude. Seulement un silence froid, presque absent, qui se termina par son retour dans son bureau.

À cet instant, je me suis réellement demandé qui il était devenu.

Mes cauchemars avaient repris. Je voyais sans cesse ce bureau plongé dans une sorte de brouillard épais, comme si quelque chose d'obscur y grandissait lentement. Son attitude ne me rassurait plus. Je lui demandais d'arrêter de trader, mais le sujet était devenu une source de tensions extrêmes entre nous. Au fond de moi, j'étais convaincue que cette activité était en train de le conduire à sa perte. Ce que j'ignorais encore, c'est jusqu'où cette chute allait nous entraîner tous les deux.

Quelques mois plus tard, sa motivation était revenue. Pour lui, le COVID n'avait été qu'un "black Swan" : un événement exceptionnel, imprévisible, une anomalie historique qui ne remettait pas réellement en cause sa vision des marchés. Il restait convaincu que ce crash appartenait à une catégorie de crise unique, appelée à ne pas se reproduire de sitôt.

Cette conviction renforçait une autre croyance très présente à l'époque chez de nombreux traders : celle que le marché des cryptomonnaies obéissait à des règles différentes de celles de la finance traditionnelle. Le Bitcoin et les autres cryptoactifs étaient perçus comme des actifs décorrélés des marchés classiques, capables de résister aux crises boursières et aux failles du système financier mondial.

L'idée semblait presque logique : si les marchés actions s'effondraient sous l'effet d'une crise sanitaire mondiale, les cryptomonnaies, elles, pourraient continuer leur propre trajectoire, indépendantes du chaos économique et monétaire. Beaucoup y voyaient les fondations d'un nouvel ordre financier.

Mais le printemps 2020 révéla une réalité beaucoup plus brutale. Dans les périodes de peur extrême, presque tout finit par devenir corrélé. Les investisseurs vendent dans l'urgence, cherchent de la liquidité et liquident même les actifs qu'ils considéraient jusque-là comme des protections. Les cryptomonnaies furent elles aussi emportées dans la violence du mouvement.

Pourtant, malgré ce choc, il continuait de croire que la crise relevait davantage de l'exception que d'un véritable signal d'alerte.

Il est presque troublant de voir à quelle vitesse l'être humain peut se relever d'une chute immense en se convainquant que le pire appartient déjà au passé. Quelques mois auparavant, les marchés s'effondraient dans la panique.

Pourtant, progressivement, la peur s'effaça. Le "black swan" fut relégué aux oubliettes et l'euphorie revint avec une force presque irréelle.

Cette fois-ci, il était persuadé d'avoir trouvé la bonne stratégie. Une méthode qu'il considérait comme quasiment imparable. Je me souviens de l'énergie qui l'habitait à cette période. Il parlait avec une confiance nouvelle, presque exaltée. Il tenta de m'expliquer sa découverte, mais sans jamais entrer dans les détails techniques. Tout ce que je compris, c'est que les simulations réalisées sur les données passées produisaient des performances exceptionnelles. Les chiffres semblaient confirmer que le système fonctionnait.

Mais quelque chose en moi restait inquiet. Je lui demandais d'être prudent. Je lui répétais que les marchés avaient justement cette capacité à donner l'illusion du contrôle juste avant de rappeler leur violence. À un moment, mon inquiétude devint telle que je demandai même à sa mère de tenter de le raisonner.

Entre-temps, des amis, des proches, des personnes de notre entourage avaient commencé à investir à travers lui. Et, en apparence, tout semblait fonctionner. Les rendements étaient versés régulièrement. Les paiements arrivaient à temps. Chaque résultat positif renforçait encore davantage la confiance des autres... mais aussi la sienne.

Alors, puisque tout semblait fonctionner, je finis moi aussi par me convaincre qu'il fallait le soutenir jusqu'au bout. Après tout, les résultats étaient là, les remboursements continuaient et l'idée dominante était que cette période difficile n'était qu'un passage temporaire avant un retour définitif à l'équilibre.

Je décidai donc de faire un emprunt afin de lui apporter de la liquidité pour rembourser certaines dettes et soulager la pression qui commençait à s'installer autour de lui. Dans mon esprit, cela n'avait rien d'irréfléchi. J'étais persuadée qu'en quelques mois seulement, la situation serait rétablie et que nous rembourserions facilement cet argent.

Mais un détail me troubla profondément. Contrairement à ce que j'imaginais, il ne voulait pas que je fasse cet emprunt. Son attitude était étrange, presque contradictoire. Lui qui cherchait constamment des solutions financières semblait soudain refuser une aide qui pouvait pourtant lui donner de l'air.

À l'époque, je n'en comprenais pas la raison. Je pensais qu'il s'agissait de fierté, ou peut-être de culpabilité. J'étais loin d'imaginer la vérité. S'il ne voulait pas que j'emprunte, ce n'était pas pour me protéger. C'était parce qu'il savait déjà que le trading était devenu une catastrophe qu'il s'efforçait encore de dissimuler hermétiquement.

Ce fut, clairement, la plus grosse erreur financière de ma vie. Il me promit d'honorer les échéances mensuelles. Mais au bout de trois mois, quand j'insistai pour obtenir des preuves de paiement, sa réponse fut sèche :

> *« Tu ne me fais pas confiance ? Peux-tu changer de ton quand tu me parles ? »*

Le fond de la question disparut sous la forme. Je n'obtins aucune évidence. Les seules évidences qui s'enchaînèrent dans les jours suivants furent un silence implacable et une absence totale de vérité.

> *« Ça va aller. »*
>
> *« Le marché va remonter. »*
>
> *« C'est temporaire. »*
>
> *« Dans une semaine, c'est bon. »*
>
> *« Dans un mois, tout sera en ordre. »*
>
> *« Encore un mois. »*

À ce stade, j'étais dans un état de désarroi presque total. Cela faisait près d'une année que ce cauchemar durait. Une année entière passée à vivre dans l'attente d'un retour à la normale qui ne venait jamais. J'étais ballottée d'une explication à une autre, d'une promesse à une suivante, sans jamais avoir de preuves concrètes, sans visibilité réelle, sans certitude à laquelle m'accrocher.

Et pourtant, malgré les incohérences, malgré l'angoisse qui grandissait en moi, je continuais de vouloir croire à ses réponses. Comme beaucoup de femmes enfermées progressivement dans une relation où l'opacité s'installe par petites couches presque invisibles, je préférais encore croire les mots plutôt que regarder pleinement la réalité en face.

Parce qu'au fond, regarder aurait signifié accepter quelque chose de bien plus terrifiant encore : que l'homme à qui j'avais confié une partie de notre sécurité, de notre stabilité et de notre avenir ne maîtrisait peut-être déjà plus rien du tout.

* * *

La nuit où tout a basculé

Quelques jours avant l'effondrement final, quelque chose changea brutalement chez lui. Son comportement devint instable, imprévisible, presque étranger. Comme si une tension invisible avait fini par fissurer ce qu'il restait encore de contrôle.

Je me souviens d'avoir décidé d'aller rendre visite à une amie qui traversait une période difficile. Une décision simple, banale même. Pourtant, sa réaction fut d'une violence disproportionnée. Il s'emporta soudainement, me reprochant de toujours courir pour les autres alors que lui avait besoin de moi. Sa colère semblait venir de beaucoup plus loin que cette simple visite. Je ne comprenais pas ce qui se jouait réellement, mais je partis malgré tout.

Le lendemain, mon corps céda à son tour. Une fièvre brutale me cloua au lit pendant plusieurs jours. J'étais épuisée, incapable de distinguer clairement ce qui relevait de la maladie, de l'angoisse ou de la fatigue accumulée depuis des mois.

Et puis il y eut ce détail étrange. Lui qui vivait habituellement enfermé dans son bureau, presque absent de la maison malgré sa présence physique, commença soudain à faire des allers-retours incessants dans ma chambre. Comme s'il était agité par quelque chose que je ne pouvais pas encore voir. Comme s'il cherchait à réparer, dans l'urgence, quelque chose qui lui échappait déjà complètement.

Un soir, il entra dans ma chambre avec une bague en argent à la main pour remplacer celle que j'avais perdue quelque temps auparavant. Le geste aurait pu être tendre. Mais dans l'état où j'étais, il provoqua chez moi une colère immédiate, presque instinctive. Malgré la fièvre, je lui reprochai de toujours décider seul, de toujours agir sans attendre, sans partager, sans construire avec moi. Pourquoi fallait-il encore qu'il choisisse, achète, répare seul ? Pourquoi étions-nous devenus deux personnes vivant côte à côte sans jamais réellement nous rejoindre ?

Et là, il eut subitement un air très abattu

Je ne l'avais jamais vu ainsi. Il se mit à genoux près de mon lit. Sa voix était à peine audible et visage d'une gravité extrême.

> *« J'ai tout perdu. »*

Je ne comprenais pas. Quoi ? Tout quoi ? De quoi tu parles?

> *« Tout. Absolument tout. Le fonds. Les investissements. Ton argent. Tout. »*

Le silence qui suivit fut irréel. Dense. Écrasant. Comme si le temps lui-même venait de se suspendre dans cette pièce.

J'essayais encore de comprendre ce qu'il venait de dire. Mon esprit refusait d'assembler les mots entre eux. Puis, en quelques secondes à peine, la réalité s'imposa avec une violence indescriptible.

Tout avait disparu.

Je portai instinctivement mes deux mains à ma bouche. Je tremblais. Mon regard cherchait quelque chose à quoi s'accrocher dans la pièce, n'importe quoi qui pourrait encore sembler normal. Mais il n'y avait plus rien de normal. La fièvre brûlait mon corps, mon cœur battait si fort que j'avais l'impression qu'il allait exploser. Puis quelque chose céda en moi.

Dans un geste de désespoir que je ne me serais jamais cru capable d'avoir un jour, je me suis mise à le frapper. De toutes mes forces. Comme si mon corps essayait d'expulser des années entières de peur, de mensonges, de confusion et de trahison accumulées en silence. Je pleurais. Je criais. Plus rien n'était maîtrisé.

Et pendant ce temps, quelque part dans l'appartement, il y avait nos enfants.

Je me souviens encore du silence étrange qui régnait ce soir-là. Comme si eux aussi avaient senti, sans comprendre réellement, que quelque chose d'irréversible venait de se briser entre les murs de cette maison.

Après la confession, quelque chose s'est éteint dans la pièce. Peut-être même en lui. Peut-être aussi en moi.

Pendant quelques instants, j'ai cru voir apparaître une forme de lucidité. Comme si le poids réel de ce qui venait d'être détruit traversait enfin son regard. Il y eut une fissure brève, presque imperceptible, où je crus reconnaître de la peur, du regret, peut-être même une prise de conscience. Mais cela ne dura qu'un instant.

Très vite, il se referma complètement. Son visage redevint étrangement calme. Presque impassible. Et il me regardait avec une distance si troublante que, pendant quelques secondes, j'eus l'impression absurde que c'était moi qui étais en train de perdre pied avec la réalité. Comme si l'effondrement que je découvrais devenait plus difficile à supporter pour lui dans mon regard que dans les conséquences concrètes qu'il venait pourtant de provoquer.

Et c'est probablement cela qui m'a le plus détruite.

Pas uniquement l'argent disparu. Pas uniquement les pertes. Mais cette sensation vertigineuse d'être soudain seule face à l'ampleur de la catastrophe. Seule à mesurer ce que cela signifiait réellement. Seule à voir les enfants, la maison, les années construites, l'avenir entier vaciller d'un seul coup.

Après cette confession, il n'y eut presque plus de remords exprimés. Presque plus d'émotion visible. Comme s'il avait dû se couper intérieurement de la gravité des conséquences pour continuer à avancer sans s'effondrer lui-même. Comme si reconnaître pleinement ce que cette chute faisait à sa famille, à ses enfants, à moi, aurait été psychiquement impossible à supporter.

Il faisait partie de cette catégorie de personnes qui, confrontées à un effondrement trop violent pour leur propre esprit, entrent dans une forme de retrait émotionnel profond. Non pas toujours par froideur consciente ou par absence totale d'amour, mais parce que regarder les dégâts en face signifierait aussi affronter une culpabilité devenue insoutenable.

Il n'en est jamais sorti.

Mais à ce moment-là, moi, je ne voyais pas encore cela. Je voyais simplement un homme qui venait de nous faire basculer dans une horreur sans nom… et qui semblait déjà ailleurs.

C'est cette absence-là qui m'a le plus dévastée. Pas les chiffres. L'absence.

***

Après

Cette nuit-là, nous n'avons pas mangé. J'ai protégé les enfants en ne leur révélant rien.

Le lendemain matin, au réveil, je revis ce brouillard. Mais cette fois-ci, il n'était plus dans ses cauchemars ni autour de ce bureau que j'avais tant imaginé. Il était là, dans ma propre chambre, suspendu dans l'air comme une présence silencieuse et oppressante. Pendant quelques secondes, je crus sincèrement perdre la raison.

J'avais pleuré toute la nuit. Une de ces nuits où le corps finit par ne plus distinguer la fatigue, la peur et le chagrin. Pourtant, au milieu de cet effondrement, mes pensées n'allaient presque pas vers moi-même. Elles allaient vers tous ceux qui lui avaient fait confiance. Ceux qui avaient investi à travers lui. Ceux qui ignoraient encore que leur argent avait disparu.

Et au fond de moi, une certitude commençait à s'imposer avec une brutalité absolue : le mensonge ne pouvait plus continuer. Il fallait prévenir les autres. Il fallait arrêter cette chute avant qu'elle n'emporte davantage de vies avec elle.

La colère laissa vite place à un mélange de compassion et de responsabilité. Je voyais un homme qui s'effondrait psychologiquement. Un père. Mon mari. Quelqu'un que j'avais aimé.

Alors j'ai fait ce que j'avais toujours su faire : essayer de réparer ce qui était en train de s'effondrer. J'ai mis à sa disposition tout ce qu'il me restait encore. Mes économies. Mon énergie. Mon soutien. Ma présence. Une partie de moi croyait encore que nous pouvions nous relever de cette catastrophe. Que, malgré l'ampleur du désastre, il existait encore un chemin de retour possible.

Dès le lendemain matin, j'ai convoqué, à la première heure, tous les proches qui avaient investi à travers lui. Je ne pouvais plus supporter l'idée que le silence continue alors que tout s'était déjà écroulé. Et là, une vérité m'a glacée : beaucoup attendaient déjà de ses nouvelles depuis longtemps, sans succès. Les appels restaient sans réponse. Les messages aussi. Certains commençaient à s'inquiéter sérieusement, sans encore imaginer l'ampleur réelle de la situation. Je me croyais dans un film et le rôle n'était pas le bon.

Ce matin-là, en les regardant entrer un à un, j'ai compris que l'effondrement ne nous concernait plus seulement lui et moi. La chute était devenue collective, familiale.

Et, pour la première fois, j'ai pensé à toutes ces femmes qui, avant moi, avaient découvert brutalement qu'elles vivaient à côté d'un homme dont le monde intérieur s'était progressivement construit dans le secret, le déni et la fuite en avant. Je pensais aux épouses d'hommes comme Bernie Madoff. Pendant longtemps, j'avais regardé ce type d'histoire avec distance, presque comme on regarde un scandale financier à la télévision : des chiffres, des fraudes, des coupables, des victimes. Mais ce matin-là, je comprenais soudain qu'au cœur de ces affaires, il y avait aussi des familles entières prises dans un effondrement psychologique impossible à décrire. J'avais peur.

Car lorsqu'un homme entraîne les autres dans sa chute, la femme qui partage sa vie ne perd pas uniquement de l'argent. Elle perd ses repères. Sa perception du réel. Sa confiance dans son propre jugement. Elle revisite chaque souvenir, chaque silence, chaque absence, chaque incohérence en se demandant : “Comment ai-je pu ne pas voir ?”

Et le plus terrible est peut-être là. On découvre que pendant des mois — parfois des années — deux réalités ont coexisté sous le même toit. Celle que l’on croyait vivre. Et celle que l’autre tentait désespérément de maintenir debout malgré son effondrement intérieur.

Je comprenais soudain que le véritable traumatisme ne venait pas uniquement des pertes financières. Il venait aussi de cette fracture psychologique profonde : réaliser que l’homme avec qui l’on partageait sa vie menait, en silence, une bataille que même l’amour, la proximité et les années communes n’avaient pas suffi à rendre visible.

Mais pendant que, de mon côté, je tentais désespérément de contenir l’effondrement, lui semblait déjà replonger dans les mêmes mécanismes. Alors que je cherchais encore comment protéger ce qui pouvait l’être, il continuait à investir. Pire encore, il continuait à faire investir d’autres personnes de son entourage.

Les mêmes promesses. Les mêmes stratégies présentées comme rationnelles. Les mêmes comportements qui avaient pourtant déjà détruit notre propre stabilité financière.

Quelque chose s’est éclairci pour moi à ce moment-là : toute la puissance psychologique de ce type de chute. Lorsqu’une personne s’enfonce suffisamment loin dans la spirale des pertes, reconnaître la réalité devient parfois plus insupportable encore que continuer à prendre des risques. Comme si chaque nouvel investissement devait absolument devenir celui qui allait tout réparer. Celui qui allait permettre d’effacer les erreurs précédentes, de rembourser, de restaurer l’image de soi, de faire disparaître la honte.

Mais en réalité, plus il avançait, plus le gouffre s’élargissait.

C'est là que quelque chose s'est brisé définitivement en moi.

Quelques semaines après la nuit où tout s'était effondré, nous sommes partis dans le sud de la France. Officiellement, c'était un voyage familial. En réalité, c'était autre chose. Une traversée lente au milieu des décombres. La famille de mon frère voulait comprendre. Comprendre comment une telle chute avait été possible. Comprendre à quel moment tout nous avait échappé. Comprendre surtout comment un gouffre aussi immense avait pu grandir si longtemps dans le silence.

Je me souviens de cette semaine comme d'un temps suspendu, irréel, presque sans lumière. Les journées semblaient longues, étouffantes, et les nuits encore davantage. Pendant sept jours, je n'ai presque pas dormi. Pas réellement. Mon corps restait allongé, mais mon esprit, lui, continuait de réfléchir.

Je portais tout.

La honte.

La honte de voir notre famille exposée à quelque chose d'aussi violent.

La douleur de ceux qui avaient perdu leurs économies en lui faisant confiance.

Les regards chargés de questions auxquelles je n'avais moi-même aucune réponse.

Les silences lourds autour des tables.

La colère contenue de proches qui n'avaient rien demandé et qui se retrouvaient pourtant entraînés dans notre chute.

Et au-dessus de tout cela, il y avait cette peur. Une peur physique. Primitive. Presque animale.

La peur qu'il ne supporte pas le poids de ce qu'il avait fait.

La peur qu'il disparaisse.

Le gouffre était devenu si abyssal que cette pensée revenait sans cesse dans mon esprit, malgré moi. Je regardais mes enfants et je me demandais comment protéger encore quelque chose de leur innocence au milieu d'un tel chaos.

Et pendant que je portais les regards, les questions, les conséquences, pendant que mon cœur battait jour et nuit sous l'effet de l'angoisse et de la culpabilité, lui dormait.

Il raisonnait.

Avec calme. Avec méthode.

Il tenait un discours structuré, presque technique, sur les risques des marchés, la volatilité, les cycles, les événements exceptionnels. Comme si tout cela relevait encore d'une simple démonstration économique. Comme si cette catastrophe pouvait être contenue dans des graphiques, des probabilités et des explications rationnelles.

Mais dans cette tragédie, il n'y avait pas des marchés. Il y avait des visages. Des familles. Des économies d'années de travail. Des personnes qui avaient fait confiance.

Et pourtant, aucun regret ne semblait réellement traverser ses paroles. Il analysait. Il justifiait. Il expliquait. Mais il ne reconnaissait ni les non-dits, ni le silence, ni le fait d'avoir entraîné sa propre famille dans un tel danger. Plus troublant encore : il ne semblait même pas comprendre ce qui lui était réellement reproché.

Car ce que nous lui reprochions n'était pas uniquement la perte financière.

Les marchés peuvent tomber. L'argent peut se perdre. Toute personne qui investit connaît cette réalité. Mais ce qui avait détruit quelque chose de beaucoup plus profond, c'était l'opacité. Les dissimulations. Les promesses répétées alors que tout s'effondrait déjà. Le fait d'avoir continué à entraîner les autres dans une chute qu'il connaissait probablement bien avant nous.

Ce n'était pas seulement une faillite financière. C'était une rupture de confiance si profonde qu'elle semblait avoir fracturé jusqu'à notre perception commune du réel.

L'argent perdu peut se comprendre. Les erreurs financières aussi. Les marchés ont toujours eu le pouvoir de détruire en quelques semaines ce que des années avaient mis à construire.

Mais ce qui me paraissait insupportable n'était pas seulement la chute. C'était le silence qui l'avait précédée. Les années de dissimulation. Le fait de n'avoir jamais trouvé la force de dire la vérité à celle qui partageait son lit, élevait ses enfants et construisait sa vie à ses côtés.

Avec le recul, je crois qu'il ne pouvait plus affronter cette vérité lui-même. Non pas nécessairement par cruauté consciente, mais parce qu'admettre pleinement ce qui était en train de se produire aurait signifié regarder en face les conséquences de ses actes sur ceux qu'il aimait.

Alors il se réfugiait dans l'analyse. Les chiffres. Les raisonnements techniques. Les mécanismes de marché. Là où tout pouvait encore sembler abstrait, presque impersonnel. Là où il n'y avait ni regards blessés, ni nuits blanches, ni peur qui ronge lentement une famille entière.

Pendant ce temps, moi, je contenais l'impact humain de la catastrophe. La peur. La honte. Les tensions. L'angoisse des autres. L'avenir des enfants. Je prenais sur moi ce que lui semblait incapable d'affronter émotionnellement.

Et cette image reste gravée en moi : lui qui dormait pendant que je restais éveillée à fixer le plafond jusqu'au matin. Je me souviens que Nelson, le chien du beau-père de mon frère, venait souvent s'allonger à côté de moi dans le salon jusqu'au matin. Comme s'il percevait silencieusement ce que je ne disais pas : la pression, l'angoisse, l'épuisement émotionnel, physique et mental qui m'habitaient alors.

C'est à ce moment-là que j'ai compris quelque chose d'essentiel : nous ne vivions plus la même réalité intérieure. Depuis longtemps déjà, je portais une charge émotionnelle qui ne m'appartenait pas entièrement. Je soutenais, je protégeais, j'absorbais, en croyant que cela faisait simplement partie de mon rôle d'épouse et de l'amour que je lui portais.

Et d'une certaine manière, oui, c'était de l'amour.

Mais l'amour ne peut pas durablement survivre lorsqu'une seule personne porte le poids psychologique, moral et émotionnel de deux vies. Ce déséquilibre finit toujours par briser quelque chose.

Dans les semaines qui suivirent, j'exigeai enfin tous les documents que je réclamais depuis des mois. Plus rien ne pouvait rester dans le flou. J'avais besoin de voir. De comprendre. Même si chaque réponse semblait désormais capable de me détruire un peu plus.

Et plus les documents arrivaient, plus la réalité devenait sombre. Les montants engagés à mon nom dépassaient largement ce que j'avais imaginé. Chaque relevé, chaque chiffre, chaque détail découvert ouvrait une nouvelle faille sous mes pieds. J'avais parfois l'impression que la catastrophe reculait sans cesse ses propres limites, comme si le fond n'existait plus.

C'est sans doute là la différence essentielle entre le moment où l'on découvre une trahison et celui où l'on en mesure réellement l'ampleur.

Le premier vous brise.

Le second vous oblige à survivre.

Et dans ce face-à-face avec la réalité, j'ai compris quelque chose qui ne se dirait jamais à voix haute autour d'une table de famille, ni dans les conseils des amis bien intentionnés, ni même dans les bureaux des avocats spécialisés.

L'homme que j'avais épousé n'existait plus.

Peut-être qu'il n'avait jamais existé tel que je l'avais cru.

***

Ce que ce chapitre révèle

Il répétait souvent cette phrase de Warren Buffett : « C'est quand la marée baisse qu'on voit ceux qui nageaient nus. » Je n'en comprenais pas encore toute la portée. Aujourd'hui, je crois qu'elle résume parfaitement ce que j'ai vécu.

Tant que l'argent continue de circuler, beaucoup de fragilités demeurent invisibles. Les revenus compensent les erreurs, les nouvelles entrées d'argent repoussent les conséquences et des équilibres pourtant instables parviennent encore à donner l'illusion de tenir debout. Même des systèmes profondément déséquilibrés peuvent sembler fonctionner pendant longtemps.

Puis survient un événement majeur : une perte d'emploi, un krach boursier, une maladie, une incapacité de travailler, un confinement mondial. Et soudain, tout s'effondre.

On croit alors que la crise est la cause de la chute. Mais, en réalité, elle n'en est souvent que le révélateur brutal. Le moment où ce qui était déjà fissuré devient impossible à cacher. Car les véritables causes sont presque toujours plus anciennes, plus profondes et plus silencieuses que l'événement qui finit par tout faire tomber.

La violence financière dans un couple ne réside pas uniquement dans la perte d'argent. Elle réside aussi dans le fait de découvrir, parfois après des années, que l'on a été maintenue à distance d'une réalité qui engageait pourtant entièrement son avenir.

Dans un scandale financier, les investisseurs perdent ce qu'ils possèdent déjà. Mais dans certains foyers, les femmes perdent aussi ce qu'elles n'ont pas encore eu le temps de construire : leur futur, les années qu'il faudra pour reconstruire, la sécurité de leurs enfants, et parfois même la capacité intérieure de recommencer un jour sans peur.

Et c'est précisément parce que cette violence se produit dans l'intimité du couple, qu'elle est si difficile à identifier. L'espace où l'on devrait être le plus protégée devient parfois celui où l'on voit le moins clairement.

***

Ce que ce chapitre enseigne — règles et actions

La violence financière silencieuse ne ressemble pas à ce que l'on imagine. Elle commence par une opacité, s'installe dans la confiance, et se révèle souvent trop tard. Ces règles sont là pour qu'elle ne passe plus inaperçue.

Règle 27. L'opacité financière répétée est toujours un signal d'alerte. Des réponses vagues, des documents jamais montrés, des questions qui déclenchent des conflits plutôt que des réponses — ce ne sont pas des signes d'un partenaire débordé. Ce sont des signaux.

Règle 28. Participer aux décisions financières de son foyer n'est pas un manque de confiance. C'est une responsabilité. Comprendre les comptes, connaître les dettes, savoir ce qui est investi — ce n'est pas contrôler l'autre. C'est être présente dans sa propre vie.

Règle 29. La compétence technique ne protège ni du déni, ni de l'ego, ni des comportements à risque. Travailler dans la finance ne rend pas quelqu'un imperméable aux biais psychologiques. L'excès de confiance, le besoin de récupérer une perte, le refus de s'arrêter — ce sont des mécanismes humains qui touchent aussi les experts.

Règle 30. Une personne ne devrait jamais porter seule toute la réalité financière d'un couple. C'est une charge trop lourde pour une seule personne — et une vulnérabilité trop grande pour l'autre.

Action 1. Les neuf questions de visibilité. Toute personne vivant en couple devrait être capable de répondre à ces questions sans hésiter : Quels sont les revenus réels du foyer ? Quelles dettes existent actuellement ? Quels investissements sont détenus et à quel nom ? Existe-t-il des produits utilisant du levier ? Quel est le pire scénario financier possible ? Quelle épargne réellement disponible possède le foyer ? Quels comptes existent et qui y a accès ? Quels impôts ou charges restent dus ? Si poser ces questions provoque systématiquement de l'agressivité, de la culpabilisation ou du flou — le problème n'est plus uniquement financier.

Personne ne construira ta sécurité à ta place.

PARTIE VI

Ce que j'ai reconstruit

Chapitre 9 — Le réveil brutal

40 ans, et tout est à reconstruire

Je suis rentrée du sud de la France un samedi, sans savoir comment on rentre chez soi quand chez soi n'existe plus.

Les enfants dormaient sur la banquette arrière. Lui conduisait. Et moi, à la place du passager, je regardais défiler les paysages en me demandant comment une vie entière pouvait tenir dans le silence d'une voiture qui rentre à la maison.

Pendant des semaines, je suis restée prisonnière des mêmes questions. Pourquoi ne s'était-il pas arrêté ? Pourquoi ne m'avait-il rien dit ? Pourquoi avoir continué alors que tout s'écroulait déjà ?

Mais il n'y avait pas de réponse claire. Ou peut-être n'y en avait-il jamais eu. Le silence peut devenir plus destructeur que la vérité elle-même. Parce qu'il vous enferme seule avec vos hypothèses, seule avec votre confusion, jusqu'au moment où l'on finit presque par vous faire croire que le problème ne vient pas de ce qui a été fait... mais du simple fait d'avoir posé des questions.

On dit souvent que l'amour rend aveugle. C'est vrai. Mais ce que l'on dit moins, c'est à quel point il est difficile d'ouvrir les yeux lorsque toute une partie de soi refuse encore de voir. Parce que voir oblige ensuite à agir. Voir oblige à accepter que la réalité dans laquelle on vivait n'existait peut-être déjà plus depuis longtemps.

Et puis, un jour, quelque chose a changé en moi.

J'ai cessé de chercher à comprendre entièrement pourquoi il avait fait tout cela. Cette réponse-là, je crois aujourd'hui que je ne l'aurai jamais complètement. À force de regarder sa chute, ses mensonges, ses mécanismes, j'avais fini par disparaître moi-même de l'équation. Alors, pour la première fois, mon regard s'est déplacé vers une autre question : quel avait été mon propre rôle dans cette histoire ?

Je venais d'avoir quarante ans. Cet âge dont on dit souvent qu'il oblige à faire face à sa propre vérité. On regarde enfin sa vie sans détour. On cesse progressivement de repousser les questions que l'on enterrait sous le quotidien, le travail, les responsabilités, l'amour ou la peur. Qu'est-ce qui fonctionne encore ? Qu'est-ce qui me détruit lentement ? Qu'est-ce que je ne veux plus jamais accepter ?

Et cette fois, la réalité était devenue impossible à contourner.

Car le plus destructeur n'était pas seulement le mensonge. C'était le déni permanent de la réalité. Cette capacité à nier les faits, même lorsqu'ils étaient visibles, jusqu'à faire naître chez l'autre une confusion intérieure presque constante.

Et à cet instant précis, quelque chose s'est déclenché en moi avec une clarté presque brutale. Une forme de lucidité que je n'avais encore jamais ressentie auparavant.

Ça suffisait.

***

Le moment de clarté

Pour mes quarante ans, mes amies m'ont organisé un voyage surprise à Paris. Et, pour la première fois depuis très longtemps, j'ai ressenti quelque chose que je croyais presque disparu : de la joie. Une joie simple. Calme. Sans tension. Il y avait aussi cette sensation étrange de paix intérieure, cette légèreté oubliée que l'on ne remarque plus lorsqu'on vit depuis trop longtemps dans l'angoisse.

En quittant, même quelques jours, l'atmosphère lourde et silencieusement oppressante qu'était devenue ma maison, j'ai soudain pris conscience de quelque chose de vertigineux : j'avais cessé d'être moi-même depuis longtemps.

Je m'étais perdue progressivement. Sans bruit. Sans rupture visible. Comme certaines personnes s'éloignent lentement d'un rivage sans même sentir le courant les emporter. Et le plus troublant, c'est que personne ne semblait vraiment l'avoir vu. Pas même moi.

À force de porter les peurs, les tensions, les crises, les silences et les responsabilités des autres, j'avais fini par disparaître derrière une fonction : tenir debout. Survivre. Réparer. Contenir.

Et, à Paris, au milieu des rires de mes amies, des rues vivantes, des conversations simples et de cette parenthèse presque irréelle, une pensée m'a traversée avec une brutalité immense : si je continuais ainsi, dans cinq ans, il ne resterait peut-être plus rien de la femme que j'avais été.

Je suis rentrée à Genève.

Et dès que j'ai franchi le seuil de la maison, l'angoisse est revenue presque instantanément. Comme si mon corps reconnaissait avant moi l'atmosphère dans laquelle il avait appris à survivre depuis des mois. L'air semblait lourd. Familier. Oppressant.

Ma famille m'attendait pour souffler les bougies de mon anniversaire. Il y avait des sourires, des voix, une tentative de normalité suspendue au milieu des ruines invisibles de notre vie. Puis je l'ai vu.

L'homme qui avait conduit notre existence vers la faillite.

Et à cet instant, quelque chose en moi s'est définitivement arrêté.

Il n'y avait plus de compassion. Plus de tristesse. Plus même d'espoir. Tout ce qui avait longtemps résisté en moi — l'envie de comprendre, de sauver, de réparer encore — semblait s'être éteint silencieusement pendant ce voyage.

À sa place demeurait autre chose.

Une lucidité froide.

Calme.

Presque clinique.

Et, pour la première fois depuis très longtemps, une décision intérieure parfaitement claire.

J'étais prête.

* * *

La confrontation

Le lendemain, une dernière fois, la part de moi encore conditionnée à préserver l'équilibre tenta d'obtenir des réponses. Pas de nouvelles promesses. Pas de nouvelles explications. Je voulais simplement accéder aux éléments qui manquaient encore dans les documents déjà transmis. Certaines zones restaient floues. Certains montants ne correspondaient pas. Et plus j'avançais, plus je sentais que l'essentiel demeurait encore caché.

La tension monta immédiatement. Comme si chaque question supplémentaire devenait une menace.

Mais cette fois-ci, quelque chose avait changé en moi. Je ne reculais plus. Je ne cherchais plus à désamorcer le conflit pour retrouver une paix artificielle. Je voulais voir la réalité jusqu'au bout, même si elle devait me détruire.

Il finit par s'enfermer dans son bureau. Et, pour la première fois, je le suivis sans céder.

Je me souviens encore du silence oppressant de cette pièce. Les écrans allumés. La lumière froide. Son agitation soudaine. Il tremblait légèrement. Ses phrases devenaient confuses. Comme si ce qu'il avait réussi à maintenir séparé pendant des mois commençait enfin à s'effondrer sous son propre poids.

Après de longues minutes, il sortit finalement les documents manquants.

Le choc fut immédiat.

En découvrant notre véritable situation fiscale, j'ai senti mon corps vaciller. Mon esprit refusait presque ce que mes yeux étaient en train de lire. J'ai crié. Toute la violence des mois précédents semblait soudain prendre une forme concrète, irréversible, posée devant moi sur quelques feuilles de papier.

Et pourtant, lui restait presque impassible.

Il me regardait avec une distance troublante, comme si ma réaction était disproportionnée. Comme si le problème se trouvait davantage dans mon effondrement émotionnel que dans ce qui venait d'être révélé.

Et ce qui m'a le plus bouleversée ce jour-là n'était même plus les chiffres eux-mêmes.

C'était l'absence d'émotion réelle.

Comme s'il était déjà coupé intérieurement des conséquences humaines de ses actes.

Revenue dans ma chambre, je perdis pendant quelques minutes la capacité de parler. Comme si mon corps lui-même n'arrivait plus à absorber ce que mon esprit venait enfin d'accepter. J'ai alors appelé une amie. Non pas pour être rassurée, ni pour résoudre quoi que ce soit. Mais pour entendre une voix humaine stable, réelle, après tant de temps passé à vivre dans une réalité continuellement déformée, niée, retournée contre moi. Ce soir-là, deux certitudes se sont imposées à moi avec une clarté absolue. Une confirmation de la veille.

Si je restais, je mourais de chagrin.

Et lui ne pourrait probablement jamais reconnaître pleinement sa responsabilité, parce qu'affronter cette vérité aurait signifié affronter aussi l'image de lui-même qu'il tentait encore désespérément de préserver.

Alors, pour la première fois, partir n'était plus une idée abstraite.

C'était devenu une nécessité.

***

***

Le départ

En quittant le domicile familial avec mes deux enfants ce 3 avril 2023, j'ai commencé à découvrir l'ampleur réelle du désastre.

Les factures impayées.

Les dettes accumulées dans le silence.

Les engagements financiers contractés sans que j'en mesure réellement l'existence.

C'était comme entrer progressivement dans les coulisses d'une réalité parallèle qui avait coexisté avec ma vie pendant des années sans que je la voie véritablement. Chaque courrier, chaque rappel, chaque démarche administrative révélait une nouvelle couche de ce qui avait été caché.

Puis je suis allée aux impôts pour entamer les premières démarches. Et c'est là qu'une autre vérité m'a frappée avec une violence particulière : j'étais co-responsable.

Pas parce que j'avais consciemment pris ces décisions.

Mais parce que j'avais vécu à côté de tout cela sans regarder suffisamment en face ce qui se passait réellement.

Et cette prise de conscience fut probablement l'une des plus difficiles à accepter.

Car dans beaucoup de couples, surtout lorsque les rôles financiers deviennent déséquilibrés, l'absence de contrôle finit par devenir une forme de vulnérabilité invisible. On croit déléguer. On croit faire confiance. Jusqu'au jour où l'on découvre que juridiquement, administrativement et financièrement, les conséquences existent malgré notre ignorance.

La vérité ne s'est pas révélée en une seule fois. Elle s'est imposée lentement, progressivement, comme une eau qui monte sans bruit jusqu'à finir par tout envahir.

Au fil des semaines, j'ai compris que les pertes ne dataient pas d'hier. Depuis des années, il subissait des échecs financiers importants, répétés, parfois massifs — sans jamais m'en parler réellement. Pendant tout ce temps, il avait maintenu autour de nous une apparence de stabilité presque normale.

Mais derrière cette façade, tout reposait sur un équilibre extrêmement fragile.

Les factures étaient dissimulées.

Les retards s'accumulaient.

Les urgences financières étaient déplacées, reportées, maquillées pour gagner encore un peu de temps.

Et pendant que la réalité se dégradait silencieusement, notre vie continuait en surface comme si rien ne menaçait réellement de s'effondrer.

Comment peut-on maintenir une illusion avec une telle constance sans finir psychologiquement par y vivre soi-même ? À partir de quel moment cela cesse-t-il d'être uniquement de la tromperie pour devenir aussi un mécanisme mental de survie ? Comme si, face à des pertes devenues trop lourdes, certaines personnes construisaient progressivement une réalité parallèle leur permettant de continuer à fonctionner sans s'effondrer intérieurement.

Ce n'était plus seulement cacher la vérité aux autres. C'était peut-être aussi devenir incapable de l'habiter pleinement soi-même.

Je me suis retrouvée face à un gouffre.

Derrière moi, un passé en ruines.

Devant moi, un avenir devenu soudain impossible à lire.

Il y avait cette dette que je n'avais pas consciemment contractée. Cette responsabilité qui s'était imposée à moi sans que je l'aie réellement choisie. Et malgré l'injustice, malgré la sidération, une vérité demeurait : je n'avais plus le luxe de m'effondrer.

Je devais me relever.

Pour survivre.

Pour protéger mes enfants.

Et peut-être aussi pour retrouver, quelque part sous les décombres, la femme que j'avais cessé d'être.

***

Ce que beaucoup de femmes ignorent — la co-responsabilité fiscale en Suisse

En Suisse, les époux mariés sont solidairement responsables de l'impôt sur le revenu et la fortune du ménage — même si l'un d'eux n'avait aucune connaissance des revenus ou des actifs déclarés. Cette responsabilité solidaire signifie que l'administration fiscale peut réclamer la totalité de la dette auprès de l'un ou l'autre des conjoints, indépendamment de qui a pris les décisions financières. Après une séparation, il est possible de demander une taxation séparée — mais cette démarche doit être initiée activement. Elle n'est pas automatique. En cas de doute, contactez le service cantonal des impôts ou consultez un juriste spécialisé en droit fiscal.

Les phases

J'ai traversé, une à une, toutes les phases que traversent ceux qui découvrent une trahison de cette ampleur.

D'abord, la compassion. Parce que lorsqu'on a profondément aimé quelqu'un, le premier réflexe n'est pas toujours de se protéger soi-même. C'est souvent de vouloir sauver l'autre malgré ce qu'il a détruit.

Puis la colère est arrivée. Une colère profonde, violente, presque physique. Pas seulement contre les pertes ou les mensonges, mais contre ces années entières durant lesquelles la réalité avait été dissimulée sous mes yeux.

Ensuite est venue la dépression. Ce moment où la vérité cesse d'être une information pour devenir un état permanent. La réalité était là, brutale, incontestable, impossible à contourner.

Puis la honte.

Cette question silencieuse qui vous ronge : comment avais-je pu ne pas voir ? Comment avais-je pu laisser une telle situation grandir si longtemps sans l'arrêt er ?

Et enfin, la culpabilité. La plus lourde de toutes. Parce qu'elle m'obligeait à regarder une question que je ne voulais pas entendre : quel avait été mon propre rôle dans cette histoire ?

Faire confiance à son partenaire devrait être quelque chose de naturel. C'est même l'un des fondements les plus essentiels d'une vie construite à deux.

Et pourtant, je découvrais dans le même temps qu'avoir accordé une confiance aveugle m'avait rendue extrêmement vulnérable.

Ces deux vérités coexistaient désormais en moi, inconfortables, presque contradictoires, sans qu'aucune ne parvienne vraiment à effacer l'autre.

La psychologue américaine Elisabeth Kübler-Ross a décrit les cinq étapes du deuil — déni, colère, marchandage, dépression, acceptation — à partir de l'expérience des personnes confrontées à la mort. Des recherches ultérieures ont montré que ces mêmes étapes s'appliquent à toute perte majeure : une relation, une identité, une sécurité que l'on croyait acquise. Je les ai traversées toutes. Pas dans l'ordre. Parfois plusieurs à la fois. Parfois en revenant en arrière.

Ce qui a finalement commencé à me libérer de ce cycle, c'est lorsque j'ai cessé de regarder uniquement ses actes pour tourner enfin mon regard vers mes propres mécanismes, mes silences et tout ce que j'avais accepté au nom de l'amour, de la confiance ou de la peur de voir la réalité.

Pas sa faute à lui. Ma part à moi.

Je m'étais absentée de l'équation. Pas par négligence. Par conditionnement. Par confiance mal placée. Par des modèles intégrés depuis l'enfance que je n'avais jamais interrogés. Un couple ne fonctionne pas à sens unique — les décisions de l'un impactent l'autre, toujours. Et moi, je m'étais laissée porter.

Je suis convaincue qu'il n'est pas parti avec de mauvaises intentions. Il croyait en ses stratégies. Mais il perdait. Encore et encore. Sans jamais s'adapter. Sans jamais s'arrêter. Sans jamais dire la vérité. Il s'était perdu.

Il y a là une dimension que j'ai mis du temps à nommer : la déconnexion émotionnelle à l'argent. Plus on est proche des marchés, plus on peut se détacher de ce que l'argent représente réellement — les sacrifices, les années de travail, les vies construites derrière chaque franc. Quand cette empathie disparaît, gérer l'argent des autres devient dangereux voir suicidaire. On peut tout perdre sans s'arrêter, sans mesurer, sans protéger.

Mais c'est précisément en reconnaissant ma propre part que j'ai retrouvé quelque chose d'essentiel : un levier. Je n'étais plus seulement victime d'une situation. J'étais aussi quelqu'un qui avait laissé cette situation exister.

Et quelqu'un qui a laissé faire peut aussi décider de ne plus laisser faire.

Plus jamais.

C'est là que tout a commencé. La déconstruction.

***

Ce que ce chapitre enseigne — règles et actions

Ce chapitre n'est pas seulement le récit d'une chute. C'est le moment où la prise de conscience devient irréversible. Voici ce qu'il enseigne — et ce que tu peux faire dès maintenant.

Règle 31. La co-responsabilité fiscale existe même sans signature consciente. En Suisse, les époux sont solidairement responsables des impôts du ménage. Si ton partenaire cache des dettes ou des revenus, tu peux en être tenue responsable. L'ignorance ne protège pas devant l'administration.

Règle 32. Faire confiance n'est pas déléguer. Faire confiance à quelqu'un, c'est croire en lui. Déléguer sans regarder, c'est lui transférer une responsabilité sans garde-fou. Ces deux choses sont profondément différentes. On peut aimer quelqu'un et quand même demander à voir les comptes.

Règle 33. La déconnexion émotionnelle à l'argent est un signal d'alerte. Quelqu'un qui ne ressent plus le poids de ce qu'il risque — qui investit l'argent des autres sans empathie pour ce que cet argent représente — est dangereux à qui confier des ressources communes. Ce n'est pas une question de compétence. C'est une question de psychologie.

Règle 34. Reconnaître sa part n'est pas se punir. C'est retrouver son pouvoir. Tant qu'on s'identifie uniquement comme victime, on reste passive. Le jour où l'on se demande « qu'aurais-je pu faire différemment ? » — ce jour-là, on retrouve un levier.

Action 1. Demande une copie de ta dernière déclaration fiscale commune. Lis-la. Si tu ne comprends pas ce qui y figure, appelle le service des impôts de ton canton — ils sont tenus de t'expliquer. Cette démarche prend une heure. Elle peut éviter des années de conséquences.

Action 2. Si tu es en instance de séparation ou si tu l'envisages, consulte un avocat spécialisé en droit de la famille avant de signer quoi que ce soit. En Suisse, la liquidation du régime matrimonial, le partage du deuxième pilier et les dettes communes obéissent à des règles précises. Ne pas les connaître peut te coûter des années de reconstruction.

Action 3. Établis une liste de tout ce que tu ne sais pas sur vos finances communes. Pas pour accuser — pour voir. Comptes bancaires joints, hypothèques, polices d'assurance, deuxième et troisième piliers, dettes éventuelles. Si tu ne peux pas répondre à ces questions seule, tu es absente de ta propre sécurité financière.

Action 4. Si tu traverses une séparation difficile, cherche un accompagnement sur trois plans simultanément : juridique, financier et psychologique. Les trois sont liés. Une décision prise sous le choc émotionnel peut avoir des conséquences financières durables. Stabilise-toi avant de signer des engagements définitifs.

Chapitre 10 — Les deux costumes

Ce que mon métier n'a pas pu faire pour moi

Une question est restée avec moi pendant toute cette traversée. Une question que je n'osais pas formuler à voix haute, parce qu'elle contenait quelque chose de trop douloureux à regarder. Comment cela a-t-il pu m'arriver à moi ?

Il y a une question qui m'a hantée pendant longtemps. Une question que je n'osais pas formuler à voix haute, parce qu'elle contenait quelque chose de trop douloureux à regarder en face.

Comment cela a-t-il pu m'arriver à moi ?

Pas à moi dans le sens d'une élue, d'une femme supérieure aux autres. Mais à moi — celle qui travaillait dans la finance. Celle qui analysait les risques. Celle dont le métier consistait précisément à protéger les investisseurs de ce genre de situation.

Toute ma carrière s'était construite autour de ces questions. J'avais commencé dans l'audit financier avant d'évoluer progressivement vers la gestion de patrimoine, puis vers les fonctions liées aux risques et à la protection des investisseurs. Ce parcours n'est pas un hasard, je le comprends maintenant. J'avais choisi un travail utile. Un travail qui protège. Un travail dans lequel la vigilance, le questionnement et la vérification sont des réflexes — pas des options. J'étais excellente dans ce qui me passionnait.

Et pourtant, chez moi, j'avais cessé de questionner. J'avais cessé de vérifier. J'avais laissé s'installer exactement les zones d'ombre que mon métier m'apprenait à détecter.

***

Les deux costumes

Au bureau, j'étais formée à détecter les risques. J'analysais. Je questionnais. Je contrôlais. Je vérifiais. C'était devenu un réflexe professionnel, presque une seconde nature.

Mais en rentrant chez moi, j'enlevais ce costume-là pour en porter un autre.

Je devenais une épouse. Une mère. Une femme qui voulait simplement aimer, construire, faire confiance.

Ces deux femmes coexistaient en moi sans jamais vraiment se parler. La professionnelle et l'épouse. L'analyste et l'amoureuse. Celle qui savait. Et celle dont les intuitions, les idées et les inquiétudes finissaient toujours par être étouffées une fois la porte de la maison refermée.

Il m'est arrivé pourtant de sentir, par moments, ces deux parts de moi se rejoindre.

Je me souviens de certaines conversations avec lui, où quelque chose en moi essayait encore de ramener de la lucidité au milieu du chaos. Je lui rappelais des principes que je connaissais profondément : qu'aucun investissement n'est réellement sans risque, que la transparence envers les personnes qui confient leur argent n'est pas une option mais une responsabilité, et que les pertes dissimulées finissent presque toujours par ressurgir d'une manière ou d'une autre.

En apparence, ces discussions restaient générales, presque théoriques. Mais, en réalité, elles étaient profondément personnelles.

Surtout lorsqu'il commença à vouloir investir dans des actifs évoluant alors dans un environnement encore très peu régulé, où l'absence de cadre, de contrôle et de supervision laissait parfois autant de place aux opportunités qu'aux dérives.

Je n'ai pas été entendue.

Était-ce un biais de légitimité ? Le fait qu'à ses yeux, j'étais d'abord son épouse avant d'être une professionnelle capable d'analyser certains risques avec lucidité ?

Ou peut-être quelque chose de plus profondément ancré encore : cette réalité silencieuse que l'on retrouve dans certains couples, où la parole économique d'une femme finit par peser moins lourd, même lorsqu'elle possède les compétences, l'expérience ou l'intuition nécessaires pour voir ce que l'autre refuse encore de regarder.

Je ne sais pas encore répondre totalement à cette question. Mais elle continue de me travailler.

***

Ce que la recherche dit sur les femmes expertes dans leur couple

Des études en psychologie sociale montrent un phénomène appelé « compétence invisible » : les femmes dont l'expertise professionnelle est reconnue à l'extérieur voient fréquemment cette même expertise sous-évaluée dans leur environnement domestique. Leur parole technique est reçue différemment selon le contexte — non pas parce qu'elles sont moins compétentes, mais parce que le rôle conjugal ou maternel active des biais de perception qui minimisent leur autorité sur des sujets pourtant dans leur domaine. Ce phénomène est documenté dans les couples hétérosexuels mais aussi dans certaines structures familiales plus larges.

La bouée

Lorsque tout s'est effondré à la maison, mon travail est devenu une bouée de secours.

En franchissant les portes chaque matin, je pouvais presque oublier ce qui m'attendait en rentrant. Pas vraiment oublier — mais suspendre. Mettre en pause une réalité trop lourde pour être portée en continu. Au bureau, je fonctionnais. Je livrais. Je pensais clairement. C'était, paradoxalement, l'endroit où j'étais le plus moi-même.

Et j'ai eu la chance immense d'être entourée d'une humanité que je n'oublierai jamais.

Mon responsable de l'époque a joué un rôle que je n'ai pleinement compris que bien plus tard. À un moment où tout s'effondrait intérieurement, où l'idée même de continuer à travailler me semblait impossible, j'envisageais sérieusement de me mettre en arrêt maladie complet.

C'est alors qu'il m'a dit quelque chose que je n'ai pas immédiatement compris, mais dont la justesse m'est apparue avec le temps :

> *« Surtout pas. Aujourd'hui plus que jamais, tu as besoin de garder la tête froide. »*

Il essayait, sans doute, de préserver quelque chose en moi que je ne voyais plus moi-même : ma lucidité.

Parce qu'il avait compris — peut-être avant moi — que ce qui allait me permettre de traverser cette période n'était pas uniquement le repos, mais la capacité de conserver un lien avec une forme de structure, de clarté et de réalité extérieure.

Et qu'un arrêt total, dans l'état psychologique où je me trouvais alors, risquait peut-être de laisser toute la place au chaos intérieur.

Il y a eu aussi d'autres moments. Des instants minuscules en apparence, mais qui restent gravés parce qu'ils révèlent ce qu'il y a de plus humain chez les autres lorsque notre propre monde s'effondre.

Un matin, je suis arrivée au bureau complètement bouleversée. Je n'arrivais plus à contenir ce qui se passait en moi. Je me suis enfermée seule dans une salle de réunion, essayant de reprendre le contrôle, de respirer normalement, de faire comme si tout pouvait encore tenir debout quelques heures de plus.

Puis un collègue est entré discrètement. Il m'a regardée quelques secondes, sans insister, sans poser de questions inutiles. Et il m'a simplement dit :

> *« Si tu as besoin de temps, vas-y. On assure. »*

Cette phrase m'a immédiatement fait craquer.

Non pas parce qu'elle était spectaculaire ou dramatique. Mais précisément parce qu'elle ne l'était pas. Elle contenait quelque chose de profondément humain : la présence, la solidarité silencieuse, cette manière rare de soutenir quelqu'un sans chercher à envahir sa douleur.

Je me suis remise à pleurer encore plus fort. Puis je suis sortie marcher pendant près d'une heure autour de mon lieu de travail, essayant de retrouver un peu d'air, un peu de calme, un peu de cohérence au milieu de ce qui était en train de détruire ma vie.

On entend souvent dire qu'il faut savoir séparer la vie privée de la vie professionnelle. Maintenir une frontière claire. Continuer à fonctionner, à produire, à avancer, comme si les tempêtes intérieures pouvaient toujours rester à la porte du bureau.

Mais il existe des moments dans une vie où cette frontière finit par craquer malgré nous. Des moments où la douleur, l'épuisement ou le choc deviennent trop grands pour rester parfaitement contenus derrière une apparence maîtrisée.

Et ce jour-là, j'ai compris qu'avant les fonctions, les titres ou les rôles professionnels, il y avait simplement des êtres humains.

Et que, parfois, dans les périodes les plus sombres, l'humanité surgit précisément là où l'on ne l'attendait plus.

***

La culpabilité de l'experte

Pendant longtemps, je me suis reproché une chose précise. Pas d'avoir fait confiance — la confiance n'est pas une faute. Mais de ne pas avoir appliqué chez moi ce que j'appliquais partout ailleurs.

Tu travailles dans les risques. Dans la protection des investisseurs. Et tu n'as pas vu ce qui se passait chez toi.

Cette pensée revenait sans cesse. Inlassablement. Comme une condamnation silencieuse que je prononçais moi-même contre ma propre personne.

Mais cette période m'a appris quelque chose d'essentiel, quelque chose que ni les formations professionnelles ni les années d'expérience ne m'avaient enseigné : les compétences ne nous protègent pas automatiquement lorsque l'affect, l'amour, la confiance et la dynamique du couple entrent en jeu.

La connaissance technique ne suffit pas. Elle doit être accompagnée d'une présence — d'une volonté active de regarder, de questionner, de refuser les zones d'ombre. Même quand cela dérange. Même quand cela crée des conflits. Même quand la relation semble le payer.

Parce que le silence protège la paix à court terme. Il détruit la sécurité à long terme.

***

Il n'y a plus de costumes

Cette épreuve m'a transformée d'une manière que je n'aurais pas choisie mais que je ne regrette pas.

Aujourd'hui, il n'y a plus deux versions de moi-même. Plus la professionnelle d'un côté et la femme du foyer de l'autre. Plus de costumes à enfiler selon l'endroit où je me trouve.

Je suis la même femme partout.

La rigueur que j'applique dans mon métier, j'ai appris à l'appliquer aussi à ma propre vie. Les questions que je pose professionnellement aux autres, je me les pose désormais à moi-même. Et la vigilance que j'exerce pour protéger l'épargne des investisseurs, je l'exerce aujourd'hui avec la même exigence pour protéger la mienne.

Cette cohérence n'a pas de prix.

Bien sûr, une partie de moi pense parfois que si j'avais eu cette lucidité plus tôt, je me serais épargné beaucoup de souffrance. Mais je ne peux pas nier ce que cette traversée m'a appris sur l'humain, sur le risque, sur la confiance, sur la vulnérabilité. Ma compréhension de ces mécanismes aujourd'hui dépasse largement ce que les années d'expertise professionnelle m'avaient donné seules.

***

L'humain, toujours

Il y a une autre dimension de cette histoire que je n'ai jamais vraiment su comment raconter.

Avec le temps, j'ai fini par comprendre qu'au-delà des erreurs financières, il existait probablement une souffrance psychologique beaucoup plus profonde chez le père de mes enfants. Perdre beaucoup d'argent peut faire basculer certaines personnes dans des comportements irrationnels : la honte, le déni, la peur de l'échec, l'obsession de se refaire, la volonté de cacher les pertes pour préserver une image. Dans cette spirale, les décisions deviennent de plus en plus destructrices — non par malveillance, mais par incapacité à sortir de la dynamique.

On ne peut pas aider quelqu'un qui refuse de reconnaître sa propre souffrance.

L'argent a pris une place tellement centrale dans nos sociétés que certains seraient prêts à tout pour éviter de perdre, éviter de tomber, éviter d'être vus autrement. Et dans cette course, on oublie parfois l'essentiel.

L'humain. Toujours l'humain.

Et encore aujourd'hui, je ne peux pas m'empêcher de penser à ceci : s'il avait simplement eu confiance en moi — s'il avait eu le courage de me parler avec transparence, avec honnêteté, avec la lucidité qu'impose l'amour véritable — je suis presque certaine que nous aurions trouvé une solution ensemble.

Cette certitude ne m'a pas réconciliée avec ce qui s'est passé. Mais elle m'a réconciliée avec lui, en tant qu'être humain faillible. Et peut-être, au fond, avec moi-même.

***

Ce que ce chapitre enseigne

La compétence professionnelle ne protège pas automatiquement dans la vie personnelle. C'est l'une des vérités les plus difficiles à accepter — et l'une des plus libératrices une fois qu'on l'a intégrée.

Règle 35. La connaissance technique ne suffit pas sans présence active. Savoir n'est pas regarder. On peut connaître tous les mécanismes du risque financier et choisir, consciemment ou non, de ne pas les appliquer à sa propre vie. La vigilance doit être une décision quotidienne — pas seulement une compétence professionnelle.

Règle 36. La légitimité d'une femme ne s'arrête pas à la porte de son foyer. Si ta parole technique est ignorée dans ton couple parce que tu es d'abord perçue comme une épouse ou une mère, c'est un déséquilibre à nommer. Pas à accepter.

Règle 37. Être la même personne partout est une force, pas un manque de souplesse. La cohérence entre la femme que l'on est au travail et celle que l'on est à la maison n'est pas rigidité — c'est intégrité. Et cette intégrité est une forme de protection que personne ne peut retirer.

Action 1. Identifie une décision financière dans ta vie personnelle que tu n'aurais jamais acceptée dans un cadre professionnel. Un contrat non lu. Une signature dans l'urgence. Un investissement dont tu ne comprends pas les mécanismes. Ce décalage entre ce que tu exiges au bureau et ce que tu acceptes chez toi est précisément là où commence le travail.

Action 2. La prochaine fois que tu ressens un malaise face à une décision financière dans ton couple — un chiffre qui ne colle pas, une réponse trop vague, une urgence artificielle — applique le réflexe professionnel : demande à voir les documents. Pose les questions. Prends le temps. Tu as le droit d'être aussi exigeante pour toi-même que pour n'importe quel client.

Chapitre 11 — La déconstruction

Ordre, désordre, réordre

On imagine la reconstruction comme un projet — un escalier que l'on monte une marche à la fois. La réalité ressemble davantage à un déménagement après un incendie. On ne sait pas encore ce que l'on garde.

Le réveil a été brutal. Violent. Déstabilisant. Je pourrais le comparer à la naissance — cet instant où un être quitte l'eau, le silence et la protection pour découvrir brutalement l'air, la lumière et le froid. C'est un choc physique autant qu'existentiel. Je suis sortie d'un monde que je croyais maîtriser pour découvrir que je ne savais rien. Que je n'avais rien géré. Ni les impôts. Ni l'administratif. Ni les décisions financières. Tout avait été entre ses mains. Et cela m'avait arrangée — jusqu'au jour où tout s'est effondré.

Déconstruire a pris trois ans. Parce qu'il y a des étapes que l'on ne peut pas sauter. D'abord, on accuse. On donne à l'autre toute la responsabilité. Et tant que l'on accuse, on ne se voit pas soi-même. Puis vient le moment où l'on se retourne vers soi. Vraiment. Et où l'on accepte de voir sa part. Enfin, on reconstruit. Ordre. Désordre. Réordre. Le désordre est violent. Mais il est nécessaire. C'est dans ce chaos que la clarté naît.

***

Regarder l'iceberg en face

La première étape a été la plus redoutée : évaluer les dégâts.

En quelques jours, j'ai reçu des dizaines de lettres de rappel de l'administration fiscale — adressées à mon nom, pour la première fois, parce que je n'avais jamais existé dans cette correspondance auparavant. Les montants comportaient des pénalités de plusieurs milliers de francs, accumulées sur des années de rappels infructueux. C'était à moi de payer ma part.

J'ai mis toutes ces lettres dans un sac. Et je me suis promenée avec ce sac pendant des jours, sans trouver le courage de l'ouvrir. J'étais tétanisée. Paralysée par une peur que je n'avais jamais connue — celle de regarder en face une réalité que je n'avais pas créée mais dont j'étais désormais responsable.

Je n'ai pas réussi à le faire seule.

Un ami est venu. Un après-midi, il a posé les lettres sur la table et les a ouvertes une par une, pendant que je m'efforçais de ne pas m'effondrer. Il les a classées par ordre de sévérité. Puis il m'a dit simplement : commence par rembourser ce qui te coûte le plus cher — les pénalités les plus élevées — puis progresse vers le reste.

Comment allais-je faire ? J'avais transféré toutes mes économies à mon ex-conjoint pour l'aider à se relever. Il ne restait plus rien.

Sans un mot de plus, cet ami a payé soixante-dix pour cent de la première dette laissée par mon conjoint à mon nom.

Le choc a été immense. Pourquoi ? Il m'a répondu :

> *« Si l'argent ne sert pas à ça, alors il ne sert à rien. »*

Je veux rendre hommage à cet acte ici, parce qu'il a dépassé la simple générosité. Il m'a montré, concrètement, que l'argent peut être un outil de solidarité — pas seulement de construction personnelle. Et surtout, il m'a donné quelque chose d'inestimable : la possibilité de recommencer.

J'ai suivi ses conseils. Pendant les deux années qui ont suivi, j'ai remboursé méthodiquement — les petites dettes d'abord, puis les plus importantes. Un franc après l'autre.

***

S'éduquer pour se reconstruire

En parallèle du remboursement, j'ai commencé un travail d'auto-évaluation que je n'avais jamais fait. Identifier mes biais. Nommer mes conditionnements. Comprendre pourquoi j'avais si longtemps délégué sans regarder.

J'ai lu. Beaucoup. Des livres sur la finance personnelle, sur la psychologie de l'argent, sur les comportements financiers. Ce qui m'a le plus marquée, c'est la facilité avec laquelle je comprenais désormais des notions qui ne m'avaient jamais paru familières auparavant. Comme si l'expérience avait ouvert en moi une forme de compréhension que les explications seules n'avaient jamais réussi à créer.

La finance n'était pas hermétique. Elle m'avait simplement été présentée comme telle — ou plutôt, personne ne me l'avait jamais présentée du tout.

L'éducation financière n'est pas un savoir d'expert. C'est un savoir de vie. Et son absence ne protège pas — elle expose.

Quelques livres qui m'ont aidée à reconstruire

The Psychology of Money de Morgan Housel — pour comprendre que nos comportements financiers sont avant tout humains, pas rationnels. Rich Dad Poor Dad de Robert Kiyosaki — pour saisir la distinction entre actifs et passifs, et pourquoi ce que l'on possède importe autant que ce que l'on gagne. Millionnaire in the Making de Thomas Stanley — pour comprendre que la richesse réelle est invisible et se construit dans la durée. Ces lectures ne remplacent pas un conseiller financier. Mais elles donnent un langage, un cadre, et surtout une permission intérieure de s'y intéresser.

J'ai aussi travaillé sur le pardon. Parce qu'il fallait que je me pardonne. Me pardonner de ne pas avoir regardé. De ne pas avoir demandé. De ne pas avoir insisté quand mon intuition me disait que quelque chose n'allait pas. Et pardonner — pas oublier, pas excuser, mais poser — pour ne pas rester prisonnière de ce qui s'était passé.

Je me suis fait accompagner par un thérapeute. Ce travail intérieur a été aussi important que le travail financier. Les deux sont liés. On ne reconstruit pas sa vie financière sans reconstruire, en même temps, le rapport à soi-même.

***

Reconstruire dans le bon ordre

Puis est venu le moment de l'action concrète. Mais j'ai appris quelque chose d'essentiel : on ne commence pas par investir. On commence par nettoyer. Regarder ses finances en face. Comprendre ses dettes. Identifier les engagements cachés. Budgétiser. Rembourser. Assainir. C'est dans cet ordre-là que la reconstruction est possible — et dans aucun autre.

Beaucoup de dettes sont des pièges invisibles. On regarde ce que l'on reçoit — le salaire, les rentrées — sans regarder ce que l'on devra rendre. Les intérêts. Les pénalités. Le coût réel d'un crédit à la consommation, d'un leasing, d'un découvert non régularisé. Ce que l'on ne mesure pas finit toujours par nous rattraper.

Le coût réel que l'on ne regarde jamais

Un crédit à la consommation de 10 000 francs remboursé sur 48 mois à un taux de 10% coûte réellement plus de 12 000 francs. Un découvert bancaire non régularisé peut atteindre des taux de 12 à 15% par an. Une dette fiscale avec pénalités de retard peut doubler en quelques années. Ces chiffres ne sont pas là pour effrayer — ils sont là pour rendre visible ce que le système financier a intérêt à rendre invisible. Comprendre le coût réel de ses dettes est le premier acte d'une reconstruction sérieuse.

Ce n'est qu'après avoir assaini que l'on peut envisager de construire. Et même à ce stade, il faut rester humble. Les marchés financiers ne sont pas un terrain de jeu. C'est un endroit où l'on prend des risques calculés — et où ceux qui ne comprennent pas ce qu'ils font peuvent tout perdre. Encore.

***

La liberté sans connaissance est une fragilité

Ce que cette période m'a appris dépasse ma propre histoire.

Pendant des décennies, les femmes ont lutté pour leurs droits, pour leur liberté, pour l'égalité. Ces combats étaient nécessaires et légitimes. Mais dans cette conquête, quelque chose d'essentiel a souvent été laissé de côté : l'éducation financière. On a obtenu le droit de travailler, d'ouvrir un compte, d'investir, de posséder — sans que personne ne nous apprenne à faire tout cela.

La liberté sans connaissance, c'est une porte ouverte sur un vide.

La philosophe et militante féministe bell hooks écrivait que l'émancipation des femmes ne pouvait pas se limiter à l'accès aux droits formels — elle devait inclure les outils concrets pour exercer ces droits. L'éducation financière est l'un de ces outils. Peut-être le plus fondamental, parce qu'il conditionne tous les autres.

Quand un système d'oppression s'effondre, la liberté obtenue doit s'accompagner d'un travail de reconstruction, d'apprentissage, de réappropriation. Sans cela, les schémas anciens persistent — non pas par mauvaise volonté, mais parce que la conscience ne se transforme pas du jour au lendemain. Elle s'hérite. Elle se façonne. Elle demande un travail actif pour être changée.

C'est ce que j'ai fait. Et c'est ce que ce livre propose de faire ensemble.

Aujourd'hui, je ne dissocie plus ma vie professionnelle de ma vie personnelle. Ce que j'apprends, je l'applique. Ce que je comprends, je le transmets. Connaître pour décider — c'est autour de cette idée simple, mais fondamentale, que toute ma reconstruction s'est articulée.

* * *

Ce que ce chapitre enseigne — règles et actions

La déconstruction n'est pas une punition. C'est un processus. Voici comment le traverser dans le bon ordre.

Règle 38. On ne reconstruit pas sur une dette non regardée. La première étape n'est pas d'investir — c'est d'inventorier. Toutes les dettes, tous les engagements, tous les intérêts en cours. Ce que l'on ne voit pas continue de courir.

Règle 39. L'ordre de la reconstruction est fixe : bilan → désendettement → épargne de précaution → investissement. Sauter une étape, c'est construire sur du sable.

Règle 40. L'éducation financière n'est pas réservée aux experts. Elle est accessible à toute personne qui accepte de s'y consacrer quelques heures par semaine. Ce qui manque n'est pas la capacité — c'est l'exposition.

Règle 41. Le pardon fait partie de la reconstruction financière. Rester dans l'accusation — envers l'autre ou envers soi-même — consomme une énergie qui devrait aller vers l'action. On peut reconnaître ce qui s'est passé sans y rester enfermée.

Règle 42. S'entourer n'est pas une faiblesse. C'est une stratégie. Un ami, un conseiller, un thérapeute, une communauté — personne ne se reconstruit seule, et ceux qui prétendent l'avoir fait ont simplement oublié qui les a aidés.

Action 1. Fais ton bilan financier complet ce mois-ci. Sur une feuille, liste : tous tes comptes et leurs soldes, toutes tes dettes avec leur montant, leur taux d'intérêt et leur échéance, tous tes engagements réguliers. C'est ton point de départ réel — pas celui que tu imagines.

Action 2. Classe tes dettes par coût réel, pas par montant. Une dette de 2 000 francs à 18% d'intérêt coûte plus cher qu'une dette de 10 000 francs à 2%. Rembourse d'abord ce qui te coûte le plus cher par mois. C'est mathématique.

Action 3. Construis un budget en quatre blocs dans cet ordre : charges fixes (loyer, assurances, abonnements) / remboursement de dettes / épargne de précaution — objectif : trois mois de charges / vie courante. Pas d'investissement tant que les deux premiers blocs ne sont pas stables.

Action 4. Consacre une heure par semaine à ton éducation financière. Un livre, un podcast, un article sérieux. En six mois, tu auras une compréhension suffisante pour prendre tes propres décisions. Les ressources recommandées en fin de livre.

Action 5. Si tu traverses une reconstruction après une séparation, cherche un accompagnement sur trois plans simultanément : juridique, financier et psychologique. Les trois sont liés. Traiter l'un sans les autres ralentit tout.

Chapitre 12 — Reprendre le pouvoir

Les premières décisions libres

La déconstruction enlève. La reprise du pouvoir, elle, demande de construire — avec ce qui reste, dans les conditions qui sont les miennes maintenant, sans plus attendre les conditions parfaites qui ne sont jamais venues.

Il existe une image qui me revient souvent lorsque je repense à cette période : celle de la chrysalide.

On imagine généralement la transformation de la chenille en papillon comme quelque chose de doux, presque poétique. Pourtant, la réalité biologique est bien plus violente. À l'intérieur du cocon, la chenille ne se transforme pas progressivement : elle se dissout presque entièrement. Son ancienne structure disparaît. Ce qu'elle était jusque-là cesse littéralement d'exister sous sa forme initiale.

Et ce n'est qu'au cœur de cette destruction invisible, de cette perte totale de repères et d'identité, qu'une autre forme finit lentement par émerger.

C'est exactement ce que j'ai vécu.

Après l'effondrement, ce qui s'était brisé n'était pas seulement financier. C'était une manière entière d'habiter le monde.

Mes certitudes.

Ma définition de la sécurité.

Mon rapport à l'argent.

Et même l'image que j'avais de moi-même.

La véritable reconstruction n'a rien eu de spectaculaire. Elle n'a pas commencé dans un grand moment de force ou de renaissance visible. Elle a commencé dans des gestes minuscules, presque invisibles pour les autres.

Ouvrir chaque courrier sans laisser l'angoisse me paralyser.

Regarder mes comptes et mes chiffres sans détourner les yeux.

Poser des questions jusqu'au bout.

Apprendre enfin ce que j'avais laissé d'autres personnes gérer à ma place pendant des années.

C'est ainsi que j'ai commencé, lentement, à reconstruire quelque chose de beaucoup plus profond que ma situation financière : ma capacité à habiter pleinement ma propre vie.

Et surtout, accepter une vérité difficile : personne ne viendrait reconstruire ma sécurité à ma place.

***

La première décision : me payer moi-même

La reconstruction a commencé par un geste simple. Presque dérisoire en apparence. Mais qui a tout changé.

À chaque paie, je commençais à virer une somme fixe sur un compte séparé — un compte que je m'étais ouvert uniquement à mon nom, et que je m'interdisais de toucher. Pas une fortune. Pas un montant impressionnant. Une somme raisonnable, délibérément choisie pour être tenable dans la durée.

Ce geste, si petit soit-il en apparence, portait quelque chose de radicalement nouveau pour moi : je me payais moi-même en premier. Avant les courses. Avant les enfants. Avant les dépenses imprévues. Avant tout le reste.

Pendant des années, j'avais fonctionné à l'inverse — je donnais à tout le monde, je couvrais tout ce qu'il y avait à couvrir, et s'il restait quelque chose à la fin du mois, je le gardais. Mais il restait rarement quelque chose. Et même quand c'était le cas, cette somme n'était pas pensée comme une construction. C'était un reste. Un résidu. Pas une intention.

Ce compte que je ne touchais pas est devenu autre chose. Un ancrage. La preuve concrète, chaque mois, que quelque chose s'accumulait pour moi. Pas pour la famille. Pas pour les autres. Pour moi.

Ce changement de séquence — me payer d'abord, puis couvrir le reste — est l'un des gestes les plus transformateurs que j'aie jamais faits. Non pas parce qu'il m'a immédiatement rendue riche. Mais parce qu'il a changé la manière dont je me percevais. Je n'étais plus quelqu'un qui gérait ce qui passait. J'étais quelqu'un qui construisait.

***

Ce que la régularité fait que l'intensité ne fait pas

Un investissement de 200 francs par mois pendant vingt ans, avec un rendement annuel moyen de 5 %, produit environ 82 000 francs. Le même montant total — 48 000 francs — investi immédiatement au départ produirait environ 127 000 francs. Mais encore faut-il disposer de cette somme dès le début. La plupart des gens ne l'ont pas.

En revanche, ce qui reste accessible à presque tout le monde, c'est la régularité. Ce n'est pas le montant de départ qui transforme lentement une situation financière. Ni le moment parfait. C'est la constance.

La deuxième étape : faire travailler l'argent

Une fois que ce coussin personnel a commencé à exister — une fois que j'ai eu la certitude qu'il était là, stable, protégé, à mon nom — j'ai pu passer à l'étape suivante.

Investir.

Pas dans quelque chose de spectaculaire. Pas dans des cryptomonnaies, des produits à effet de levier ou des opportunités prometteuses de rendements à deux chiffres. J'avais vécu ce que ces promesses pouvaient produire. Je n'avais aucune intention de les répéter.

Mon objectif était simple, presque modeste dans son énoncé : faire travailler mon argent juste au-dessus de l'inflation. Battre l'érosion silencieuse qui ronge chaque franc laissé inactif. Rien de plus. Des placements sûrs, diversifiés, pensés dans la durée.

Et c'est là qu'une vérité s'est imposée à moi avec une clarté que je n'avais pas anticipée : mon argent travaillait enfin pour moi. Pas pour quelqu'un d'autre. Pas pour un projet que je ne comprenais pas entièrement. Pas au service d'une vision qui n'était pas la mienne.

Pour moi.

Ces deux mots peuvent sembler simples. Ils ne l'étaient pas. Après des années à financer le quotidien de la famille, à soutenir les projets des autres, à être absente de ma propre construction financière — voir mon argent croître lentement, tranquillement, dans un sens que j'avais choisi, représentait quelque chose d'immense.

Ce n'était pas de la cupidité. Ce n'était pas de l'égoïsme. C'était de la présence. Enfin.

***

L'inflation — le vol silencieux que personne ne voit

En Suisse, l'inflation moyenne sur les vingt dernières années est restée relativement faible, souvent autour de 1 à 2 % par an. Cela paraît presque insignifiant. Et pourtant, même une inflation modérée érode silencieusement la valeur de l'argent avec le temps.

À 1 % d'inflation annuelle, 10 000 francs laissés sans rendement pendant vingt ans ne représentent déjà plus qu'environ 8 200 francs de pouvoir d'achat réel. À 2 %, la perte devient encore beaucoup plus importante.

L'inaction financière a un coût. Invisible. Progressif. Et presque certain.

Investir légèrement au-dessus de l'inflation n'est donc pas une ambition excessive. C'est souvent simplement la condition minimale pour éviter que l'argent perde lentement sa valeur avec le temps.

Déconstruire la croyance

Pendant longtemps, j'avais cru que l'investissement appartenait à une autre catégorie de personnes. Les investisseurs, dans mon imaginaire, étaient des gens déjà riches, déjà légitimes, ayant grandi dans des familles où l'on parlait de patrimoine autour de la table. Moi, je savais travailler. Je savais donner. Je savais soutenir. Mais construire un patrimoine me semblait appartenir à un univers extérieur au mien.

Cette croyance est l'un des plus grands mensonges financiers transmis aux femmes.

Parce qu'en réalité, la plupart des patrimoines solides ne commencent pas avec des fortunes. Ils commencent avec des habitudes. Morgan Housel l'écrit dans

The Psychology of Money avec une clarté remarquable : la véritable sécurité financière se construit souvent de manière silencieuse, grâce au temps, à la régularité et à la capacité de différer certaines gratifications immédiates.

La question n'était plus : combien ai-je aujourd'hui ? La vraie question était : quelle relation suis-je en train de construire avec l'argent ? Car ce ne sont pas les revenus qui transforment une trajectoire. Ce sont les comportements répétés.

***

Ce que les femmes m'ont appris

À cette période, une autre chose a profondément participé à ma reconstruction : les femmes que j'ai commencé à rencontrer.

Pour la première fois de ma vie, j'entrais dans des espaces où des femmes parlaient d'argent sans gêne, sans honte, sans cette tension étrange qui accompagne souvent les discussions financières féminines. Elles parlaient d'investissement comme d'un sujet normal. Elles connaissaient leurs chiffres. Certaines avaient traversé des divorces extrêmement difficiles. D'autres reconstruisaient après des violences économiques. Mais elles avaient toutes un point commun : elles étaient présentes dans leurs décisions financières.

La plupart des femmes ne sont pas ignorantes. Elles ont simplement été socialisées à le faire circuler plutôt qu'à le construire. Elles savent nourrir, organiser, maintenir, soutenir. Mais très peu apprennent à transformer une partie de ce qu'elles gagnent en actifs capables de les protéger dans le futur. Cette différence paraît subtile. En réalité, elle change une existence entière.

***

La rechute

Dix-huit mois après la séparation, je commençais à respirer.

Je lisais. Je posais des questions. Je me croyais — sincèrement — guérie.

Puis quelqu'un m'a parlé d'une opportunité d'investissement.

Ce n'était pas présenté comme quelque chose de douteux ou de clandestin. Au contraire. Le projet semblait structuré, cohérent, porté par des personnes qui maîtrisaient leur sujet. Les explications étaient fluides. Le discours rassurant. Tout semblait sérieux.

Et c'est précisément là que quelque chose de plus profond s'est rejoué en moi.

J'ai posé des questions, bien sûr. J'avais appris à le faire. Mais lorsque certaines réponses sont restées imprécises, je n'ai pas vraiment insisté. Une partie de moi voulait avancer. Voulait croire que cette nouvelle période de ma vie pouvait enfin être différente. Voulait aussi se prouver quelque chose : que j'étais désormais capable d'investir, de reconstruire, de reprendre ma place dans ma propre vie financière.

Au fond de moi, pourtant, une petite voix persistait.

Est-ce réellement clair ?

As-tu suffisamment compris ?

Pourquoi ressens-tu encore ce doute ?

Je l'ai entendue. Mais au lieu de l'écouter pleinement, j'ai choisi de l'interpréter autrement. Comme une peur excessive née du passé. Comme une trace du traumatisme précédent. Quelque chose qu'il fallait dépasser pour ne pas rester prisonnière de la méfiance.

Alors j'ai signé.

La somme représentait des mois d'efforts. Des mois passés à reconstruire lentement ce qui avait été détruit. Chaque franc économisé avait demandé des renoncements silencieux : moins de dépenses, moins de confort, des sorties refusées, des projets repoussés, une vie volontairement réduite à l'essentiel.

Et en quelques mois, tout disparut à nouveau.

L'entreprise finit par s'effondrer. Pas dans un scandale spectaculaire. Pas dans une fraude digne des journaux. Juste une faillite parmi tant d'autres. Une faillite "normale", dans laquelle les petits investisseurs découvrent souvent trop tard leur place réelle dans la chaîne des priorités.

Mais ce qui m'a le plus frappée ce jour-là n'était pas uniquement la perte financière.

C'était la mécanique intérieure qui avait rendu cette perte possible.

Je croyais avoir appris à ne plus faire confiance aveuglément. Pourtant, au lieu d'apprendre réellement à comprendre, analyser et décider par moi-même, j'avais encore cherché quelqu'un à qui déléguer une partie de cette responsabilité. Sous une forme différente. Plus discrète. Plus sophistiquée peut-être. Mais le mécanisme profond, lui, restait étrangement le même.

Je venais de reproduire, à une échelle plus modeste mais avec une conscience bien plus grande, exactement ce que je m'étais promis de ne plus jamais revivre.

Je n'avais pas réellement cherché à comprendre en profondeur. J'avais encore espéré que quelqu'un d'autre maîtrise à ma place ce que je n'avais pas eu le courage ou la patience d'apprendre entièrement moi-même.

Au fond, je voulais aller plus vite. Raccourcir le chemin. Être rassurée, guidée, convaincue par une certitude extérieure plutôt que construire lentement ma propre conviction.

La voix qui m'avait avertie était la même voix que celle qui s'était tue pendant le mariage. La même que celle qui s'était tue après l'accouchement. Une voix que je n'avais pas encore appris à écouter — seulement à reconnaître après coup.

Cette rechute m'a appris quelque chose que la première chute, à elle seule, ne m'avait pas encore enseigné.

Un conditionnement ne disparaît pas simplement parce qu'on en prend conscience. Le voir ne suffit pas à le défaire.

Il s'affaiblit seulement lorsqu'on commence à agir autrement, consciemment, répétition après répétition, jusqu'à ce qu'une nouvelle manière de penser, de décider et de se protéger devienne enfin plus naturelle que l'ancienne.

La vraie reconstruction n'est pas un événement. C'est une pratique.

Et cette voix intérieure qui avait tenté de m'alerter ce jour-là, j'ai fini par comprendre qu'elle n'était ni une faiblesse, ni une peur irrationnelle à combattre.

C'était probablement l'un des instruments les plus précieux que je possédais encore.

Aujourd'hui, je l'écoute. Même lorsqu'elle vient contrarier mes envies, ralentir mes élans ou remettre en question ce que j'aimerais croire.

Surtout lorsqu'elle me dérange.

C'est aussi à ce moment-là qu'est apparue l'importance des structures solides. Les plus grands désastres financiers ne naissent pas toujours de l'ignorance ou du manque d'intelligence. Ils apparaissent souvent lorsqu'il n'existe plus suffisamment de contre-pouvoirs, plus personne pour questionner, vérifier, ralentir ou confronter les décisions prises.

Lorsqu'un individu devient seul face à ses convictions, ses risques, ses certitudes et ses propres angles morts, la frontière entre confiance et dérive peut devenir dangereusement fragile.

C'est pour cela qu'aujourd'hui, je crois profondément à une règle simple : ne jamais confier son avenir financier à un loup solitaire.

***

Transmettre autrement

Puis il y a eu mes enfants.

Sans même que je m'en rende compte au départ, quelque chose de nouveau a commencé à naître dans notre maison : une manière différente de parler de l'argent.

Pas dans la peur.

Pas dans l'angoisse.

Pas comme un sujet honteux ou conflictuel que l'on évite jusqu'au jour où tout explose.

Simplement une présence naturelle de ces questions dans notre quotidien. Des conversations simples, adaptées à leur âge, où l'argent cessait d'être un tabou pour redevenir ce qu'il aurait toujours dû être : un sujet de vie, de responsabilité et de compréhension.

Un soir, mon fils m'a demandé si l'achat que nous envisagions était un véritable besoin ou simplement une envie.

Cette question, pourtant simple, m'a profondément bouleversée.

Parce qu'à cet instant, j'ai compris que ce qui se transmettait dans notre maison dépassait largement l'argent lui-même. Ce n'était pas seulement une manière de dépenser ou d'économiser. C'était une conscience en train de naître. Une capacité à réfléchir, à distinguer l'essentiel du superflu, à ne plus vivre la consommation comme un réflexe automatique mais comme un choix.

La véritable reconstruction est beaucoup plus profonde que récupérer ce que l'on a perdu. Elle consiste à interrompre la transmission silencieuse de certains schémas. À transformer une douleur en conscience. À faire en sorte que ce qui m'a détruite ne devienne pas l'héritage invisible de mes enfants.

***

Ce que ce chapitre enseigne — règles et actions

Reprendre le pouvoir ne commence pas par une grande décision. Cela commence par un virement automatique, un compte ouvert à ton nom, une somme déposée chaque mois sans y toucher. La régularité fait ce que l'intensité ne peut pas faire.

Règle 43. Se payer en premier n'est pas de l'égoïsme. C'est une stratégie. Avant toute dépense, avant tout soutien aux autres, une part fixe de chaque paie doit aller vers ta propre sécurité. Ce changement de séquence — me payer d'abord, puis couvrir le reste — est l'un des gestes les plus transformateurs qu'une femme puisse faire.

Règle 44. Investir juste au-dessus de l'inflation est une victoire réelle. On n'a pas besoin de viser des rendements extraordinaires pour construire quelque chose de solide. Battre l'érosion silencieuse du pouvoir d'achat, régulièrement, patiemment, suffit à transformer une trajectoire sur le long terme.

Règle 45. On n'a pas besoin d'être riche pour investir. On devient riche parce qu'on investit — régulièrement, modestement, dans la durée. La question n'est pas combien on a aujourd'hui. C'est quelle relation on construit avec l'argent à partir d'aujourd'hui.

Règle 46. Ne jamais confier son avenir financier à un loup solitaire. Toute personne qui gère de l'argent — y compris soi-même — a besoin d'un regard extérieur, d'une structure, d'un contre-pouvoir. L'absence de contradiction est toujours un risque.

Règle 47. Transmettre une conscience financière à ses enfants est l'un des actes les plus protecteurs que l'on puisse accomplir. Pas l'anxiété. Pas l'obsession. La conscience — celle que l'argent est un outil, et qu'ils en sont responsables.

Action 1. Ouvre ce mois-ci un compte d'épargne uniquement à ton nom. Décide d'un montant fixe — même 50 francs — qui partira automatiquement sur ce compte le jour de chaque paie, avant toute autre dépense. Ne le touche pas. Regarde-le grandir. C'est ton premier acte de présence financière.

Action 2. En Suisse, plusieurs solutions réglementées permettent aujourd'hui d'investir progressivement au-dessus de l'inflation selon son horizon de temps et son niveau de tolérance au risque. Certaines personnes privilégient le troisième pilier investi pour la retraite, d'autres des fonds indiciels largement diversifiés accessibles via des plateformes bancaires ou d'investissement reconnues. L'enjeu n'est pas de devenir experte des marchés ni de passer ses journées à suivre les fluctuations financières. Il s'agit avant tout de comprendre que laisser durablement son argent sans rendement a également un coût.

Action 3. Avant de confier de l'argent à quiconque, pose ces trois questions sans exception : Qui supervise cette personne ou cette structure ? Quels sont les frais réels, pas ceux annoncés ? Que se passe-t-il si je veux récupérer mon argent dans six mois ? Si les réponses sont vagues — l'argent reste chez toi.

Personne ne construira ta sécurité à ta place.

PARTIE VII

Ce que je transmets

Chapitre 13 — Le manifeste

Trois vérités. Trois règles. Une lettre.

Tout ce qui précède est une histoire. Une seule. La mienne. Ce qui suit est ce que cette histoire m'a appris — et ce que je voudrais te transmettre, en quelques règles, avant que tu ne refermes ce livre.

Il existe des livres qui apportent des réponses. Et il existe des livres qui obligent à se poser enfin les bonnes questions.

Si tu es arrivée jusqu'ici, alors je ne veux pas terminer avec davantage de théorie. La vie en contient déjà suffisamment. Je veux simplement laisser ici ce que j'aurais aimé comprendre beaucoup plus tôt. Non pas des principes parfaits. Mais trois règles capables, avec le temps, de changer profondément une trajectoire.

Ce n'est pas le montant que l'on gagne qui protège. C'est la manière dont on pense, dont on structure, dont on anticipe et dont on agit face à l'argent.

***

1. Éduque-toi. Toujours.

Pendant longtemps, j'ai cru que l'amour, la loyauté et la confiance suffisaient à protéger une femme. Je me trompais. La confiance est précieuse. Mais une confiance qui vit dans l'ignorance devient fragile. Et parfois dangereuse.

Aucune femme ne devrait signer des documents qu'elle ne comprend pas. Aucune femme ne devrait ignorer où va l'argent du foyer, ce qui est investi, ce qui est risqué, ce qui est dû, ce qui appartient réellement au couple et ce qui n'existe que dans des promesses ou des projections. L'ignorance financière n'érode pas seulement un compte bancaire. Elle érode lentement la capacité à choisir librement sa vie.

Alors apprends. Non pour devenir obsédée par l'argent, mais pour ne plus jamais être absente d'une décision qui engage ton avenir. Tu n'as pas besoin de tout maîtriser. Mais tu dois comprendre suffisamment pour que personne ne puisse penser et décider entièrement à ta place.

***

2. Participe aux décisions.

Un couple n'est pas une délégation financière. C'est probablement l'une des choses les plus importantes que j'aie apprises à travers cette histoire.

Peu importe celui qui gagne davantage. Peu importe celui qui semble le plus compétent. Lorsqu'une décision engage le patrimoine, les économies, les dettes ou la stabilité d'une famille — cette décision appartient aux deux. Toujours.

Le danger ne commence pas nécessairement avec la malveillance. Il commence souvent au moment où une personne cesse progressivement de regarder, en pensant que l'autre gère déjà très bien. Cette croyance paraît anodine. Pourtant, elle peut contenir une disparition silencieuse — une manière de quitter peu à peu sa propre vie financière tout en croyant simplement faire confiance.

Une confiance saine n'exclut jamais la lucidité. Poser des questions ne détruit pas un couple. Comprendre ne menace pas l'amour. Participer ne signifie pas contrôler. Cela signifie simplement rester présente dans la réalité que l'on construit ensemble.

***

3. Investis. Maintenant.

Le plus grand mensonge financier que beaucoup de femmes portent en elles est celui-ci : croire que l'investissement appartient naturellement aux autres. Aux experts. Aux hommes. À ceux qui ont grandi dans des familles où l'on parlait d'argent autour de la table.

Ces barrières ne sont pas réelles. Elles sont culturelles. Psychologiques. Transmises silencieusement.

Ce que les études montrent sur les femmes et l'investissement

Une étude menée par Fidelity Investments sur plusieurs millions de comptes d'investissement a montré que les femmes obtenaient en moyenne des rendements légèrement supérieurs à ceux des hommes — environ 0,4 % de plus par an. Sur vingt ou trente ans, un écart apparemment minime peut pourtant représenter des dizaines de milliers de francs supplémentaires grâce aux intérêts composés.

La raison avancée est presque contre-intuitive : les femmes tradent moins fréquemment, prennent moins de risques impulsifs et restent plus longtemps investies dans leurs stratégies.

Autrement dit, le problème n'a jamais été une incapacité des femmes à investir. Il réside beaucoup plus souvent dans un manque d'exposition précoce aux sujets financiers, dans la confiance accordée à d'autres pour décider à leur place, et dans une éducation financière qui leur a longtemps laissé croire que ces questions concernaient surtout les hommes.

Sources : Fidelity Investments ; études de finance comportementale sur les différences d'investissement entre hommes et femmes.

Beaucoup de femmes pensent inconsciemment qu'investir nécessite d'être experte, ou d'avoir beaucoup d'argent au départ. Ces deux croyances sont fausses.

La plupart des patrimoines solides ne commencent pas avec des fortunes. Ils commencent avec des habitudes. Des décisions modestes mais répétées pendant des années. Cent francs investis régulièrement pendant vingt ans ont plus de pouvoir qu'un grand projet constamment repoussé. Ce qui transforme une trajectoire financière n'est pas l'intensité ponctuelle — c'est la continuité.

Un revenu permet de vivre aujourd'hui. Un patrimoine protège le futur. Il crée des options. Il permet de respirer lorsque la vie devient plus difficile. Il réduit certaines dépendances invisibles. Et surtout, il donne du temps — ce qui est probablement la forme de richesse la plus précieuse.

À partir du moment où une femme commence à construire quelque chose qui lui appartient réellement — même modestement — elle cesse progressivement de vivre uniquement dans la gestion du présent. Elle commence à se projeter. À anticiper. À penser en termes d'avenir.

Et cette transformation-là dépasse largement l'argent.

***

Lettre aux femmes

Ma chère lectrice,

Pendant longtemps, j'ai cru que la sécurité venait des autres. D'un couple solide. D'un homme compétent. D'un revenu stable. D'une vie qui semblait tenir debout.

Et puis un jour, j'ai compris quelque chose de beaucoup plus inconfortable : une femme peut être entourée, aimée, protégée en apparence — et pourtant rester profondément vulnérable.

***

Si j'ai écrit ce livre, ce n'est pas pour raconter une chute. Beaucoup de femmes traversent des séparations, des pertes, des trahisons, des effondrements financiers. Mon histoire n'a rien d'exceptionnel dans la douleur.

Ce qui est plus rare, en revanche, c'est d'oser regarder honnêtement ce que ces événements révèlent.

J'ai longtemps pensé que ma plus grande erreur avait été de faire confiance.

Aujourd'hui, je sais que ce n'était pas cela. La confiance n'est pas une faiblesse.

Ce qui devient dangereux, c'est de disparaître complètement à l'intérieur de cette confiance. Laisser quelqu'un penser, décider, comprendre et anticiper à notre place pendant tellement longtemps que l'on finit soi-même par quitter silencieusement sa propre vie.

Et pourtant, aucune femme ne devrait vivre ainsi.

***

Nous avons appris à prendre soin des autres très tôt. À soutenir. À tenir. À réparer. À absorber les urgences du quotidien sans nous arrêter. Beaucoup d'entre nous savent faire fonctionner une famille entière avec une force remarquable.

Mais on nous a rarement appris à nous demander : et moi, qu'est-ce que je construis réellement ?

Pas seulement pour aujourd'hui. Pour demain. Pour les années où la vie deviendra plus fragile. Pour les périodes où l'amour seul ne suffira plus à protéger une existence.

***

Je crois profondément que l'éducation financière des femmes dépasse largement l'argent.

Il s'agit de dignité. De liberté intérieure. De capacité à choisir. De paix.

Il s'agit aussi de transmission.

Parce qu'un enfant qui grandit auprès d'une femme présente dans ses décisions apprend autre chose du monde. Il comprend que la sécurité se construit. Que l'amour et la lucidité peuvent coexister. Que prendre sa place n'est pas un acte de guerre — mais un acte de responsabilité envers soi-même.

***

Je ne sais pas ce que ce livre réveillera en toi.

Peut-être simplement une question que tu repoussais depuis longtemps. Peut-être une conversation que tu n'osais pas avoir. Peut-être le besoin de regarder enfin certains chiffres en face. Ou peut-être seulement cette sensation discrète que quelque chose doit désormais changer.

Les grandes transformations commencent rarement dans le bruit. Elles commencent souvent dans un moment très calme, presque invisible, où une femme décide intérieurement qu'elle ne veut plus vivre à distance d'elle-même.

***

Si tu cherches une seule chose à faire ce soir, en posant ce livre, voici ce que je te propose.

Pas un grand geste. Le plus petit que tu puisses faire.

Ouvre ton dernier relevé bancaire. Pas pour le juger. Pas pour le corriger. Simplement pour le regarder pendant cinq minutes.

Note une question — une seule — à laquelle tu n'as pas la réponse.

C'est tout.

Tu viens de commencer.

***

Et si ce moment était arrivé pour toi, alors ce livre aura déjà accompli sa mission.

Christelle

Les Règles

Récapitulatif

Voici, rassemblées en un seul endroit, toutes les règles formulées au fil de ce livre. Garde cette page à portée de main. Reviens-y quand tu as une décision à prendre. Imprime-la si nécessaire. Ce sont les phrases que j'aurais voulu connaître quinze ans plus tôt.

***

1. L'amour ne remplace pas la présence financière. La confiance ne devrait jamais signifier absence, silence ou ignorance.

2. Une épargne sans protection peut disparaître du jour au lendemain. À quel nom est le compte ? Qui y a accès ? Que se passe-t-il si la relation change ?

3. Le travail invisible a une valeur économique réelle. En Suisse, une mère au foyer remplace en moyenne entre 90 000 et 120 000 francs de services par an.

4. Un revenu ne crée pas automatiquement un patrimoine. Gagner et construire sont deux compétences distinctes.

5. Les dépenses affectives peuvent vider une vie financière entière. Aider les autres sans se réserver d'abord une part conduit à la vulnérabilité.

6. Aider avec conscience n'est pas aider moins. C'est aider mieux. Se payer d'abord, puis donner.

7. Le premier investissement est identitaire, pas financier. Le jour où une part de ton argent construit pour toi, ta relation à toi-même change.

8. Participer au quotidien ne signifie pas construire un patrimoine. Maintenir le foyer et construire ta sécurité sont deux gestes différents.

9. L'amour ne remplace pas la structure juridique. Le manque d'amour et le manque de structure se corrigent différemment.

10. Une femme doit toujours construire quelque chose qui lui appartient. Pas par méfiance — par présence.

11. Financer un bien qui ne t'appartient pas légalement n'est pas une contribution au foyer. C'est un don sans contrepartie juridique.

12. Le paraître est un piège financier autant qu'un piège social. Chaque franc dépensé pour maintenir une image est un franc qui ne construit pas.

13. La honte empêche l'action au moment où l'action est la plus nécessaire. Ce qu'on ne peut pas dire, on ne peut pas résoudre.

14. L'anxiété financière chronique est un signal, pas une faiblesse.

15. La comparaison sociale appauvrit — émotionnellement et financièrement.

16. L'arrêt de travail pour élever un enfant a un coût précis, calculable, et souvent sous-estimé. Il apparaît à 65 ans.

17. Le temps partiel rogne la prévoyance de manière invisible. En dessous de 22 050 francs annuels, le deuxième pilier obligatoire n'existe plus.

18. Le régime matrimonial par défaut en Suisse ne protège pas automatiquement la contribution invisible.

19. Un mariage sur deux se termine par un divorce. La protection financière d'une femme ne peut pas reposer uniquement sur la durée du mariage.

20. Faire confiance ne dispense jamais de comprendre.

21. Les décisions urgentes méritent encore plus d'attention que les autres. Prendre vingt-quatre heures avant de signer n'est jamais une mauvaise décision.

22. Ce que l'on ne regarde plus finit par nous échapper.

23. Écouter son intuition financière n'est pas de la méfiance. C'est de la responsabilité.

24. Le post-partum peut durer des mois et passer inaperçu. Si tu reconnais ces signes en toi ou dans une femme proche, cherche de l'aide sans attendre.

25. Demander de l'aide n'est pas échouer. C'est agir.

26. Un couple devient une famille à la naissance d'un enfant. Ce basculement nécessite une réorganisation consciente — pas seulement logistique, mais décisionnelle.

27. L'opacité financière répétée est toujours un signal d'alerte. Des réponses vagues ne sont pas un signe de partenaire débordé. Ce sont des signaux.

28. Participer aux décisions financières de son foyer n'est pas un manque de confiance. C'est une responsabilité.

29. La compétence technique ne protège ni du déni, ni de l'ego, ni des comportements à risque.

30. Une personne ne devrait jamais porter seule toute la réalité financière d'un couple.

31. La co-responsabilité fiscale existe même sans signature consciente. L'ignorance ne protège pas devant l'administration.

32. Faire confiance n'est pas déléguer. On peut aimer quelqu'un et quand même demander à voir les comptes.

33. La déconnexion émotionnelle à l'argent est un signal d'alerte.

34. Reconnaître sa part n'est pas se punir. C'est retrouver son pouvoir.

35. La connaissance technique ne suffit pas sans présence active. Savoir n'est pas regarder.

36. La légitimité d'une femme ne s'arrête pas à la porte de son foyer.

37. Être la même personne partout est une force. La cohérence entre la femme du bureau et la femme du foyer est une protection que personne ne peut retirer.

38. On ne reconstruit pas sur une dette non regardée. Inventorier d'abord. Investir ensuite.

39. L'ordre de la reconstruction est fixe : bilan → désendettement → épargne de précaution → investissement.

40. L'éducation financière n'est pas réservée aux experts. Ce qui manque n'est pas la capacité — c'est l'exposition.

41. Le pardon fait partie de la reconstruction financière.

42. S'entourer n'est pas une faiblesse. C'est une stratégie.

43. Se payer en premier n'est pas de l'égoïsme. C'est une stratégie.

44. Investir juste au-dessus de l'inflation est une victoire réelle.

45. On n'a pas besoin d'être riche pour investir. On devient riche parce qu'on investit.

46. Ne jamais confier son avenir financier à un loup solitaire. L'absence de contradiction est toujours un risque.

47. Transmettre une conscience financière à ses enfants est l'un des actes les plus protecteurs que l'on puisse accomplir.

Ressources

Pour aller plus loin

Ce que vous lisez dans un livre ne suffit jamais seul. Ces ressources sont celles que j'aurais aimé avoir plus tôt — des livres qui déplacent quelque chose, des podcasts qui normalisent les conversations sur l'argent, et des plateformes concrètes pour passer à l'action en Suisse.

Elles ne constituent pas une liste exhaustive. Elles constituent un point de départ.

***

Livres

Sur la psychologie et les comportements financiers

The Psychology of Money — Morgan Housel (2020)

Le livre de référence sur la manière dont nos émotions, nos peurs et nos croyances influencent nos décisions financières. Accessible, sans jargon, profondément humain. C'est le premier livre que je recommande à toute personne qui commence à s'intéresser à sa vie financière.

L'Intelligence financière — Robert T. Kiyosaki (Rich Dad Poor Dad)

Un classique mondial traduit en français. Il explique, à travers deux modèles familiaux opposés, pourquoi certaines personnes construisent un patrimoine et d'autres non — indépendamment de leur niveau de revenus. La distinction entre actifs et passifs y est expliquée de manière inoubliable.

The Millionaire Next Door — Thomas J. Stanley et William D. Danko

Une étude menée sur des millionnaires américains qui révèle une vérité contre-intuitive : la plupart des personnes vraiment riches ne le montrent pas. Elles vivent simplement, investissent régulièrement, et construisent dans la durée. Un antidote à la culture du paraître.

All Your Worth — Elizabeth Warren et Amelia Warren Tyagi

Le livre à l'origine de la règle 50/30/20. Elizabeth Warren, ancienne professeure de droit à Harvard et sénatrice américaine, y explique comment structurer son budget de manière simple et durable. Pratique, bienveillant, écrit pour des personnes ordinaires.

Sur l'argent et les femmes

Libérées — Titiou Lecoq (2017)

L'essai qui a popularisé la théorie des pots de yaourt. Titiou Lecoq y analyse avec humour et rigueur les inégalités invisibles qui persistent dans les couples modernes — dont les inégalités financières. Une lecture indispensable pour toute femme qui veut comprendre les déséquilibres structurels de sa vie quotidienne.

Worth It: Your Life, Your Money, Your Terms — Amanda Steinberg

Fondatrice de DailyWorth, Amanda Steinberg s'adresse directement aux femmes qui ont toujours cru que l'argent n'était pas leur domaine. Elle déconstruit cette croyance page après page avec des outils concrets et une voix profondément personnelle.

Clever Girl Finance — Bola Sokunbi

Écrit par une femme noire américaine pour toutes les femmes qui n'ont jamais eu de modèles financiers qui leur ressemblaient. Pratique, encourageant, ancré dans des réalités concrètes. L'un des rares livres de finance personnelle qui parle aussi des dynamiques culturelles et familiales autour de l'argent.

Sur l'investissement et la construction de patrimoine

L'Investisseur intelligent — Benjamin Graham (avec préface de Warren Buffett)

Considéré comme la bible de l'investissement de valeur. Plus technique que les autres livres de cette liste, mais fondamental pour comprendre la différence entre spéculer et investir. Le chapitre sur « M. Marché » reste l'une des métaphores les plus puissantes jamais écrites sur la psychologie des marchés.

Je veux de l'argent — Laure Prenat

Un guide pratique en français, écrit par une femme, pour apprendre les bases de l'investissement sans se noyer dans le jargon. Idéal pour les débutantes qui souhaitent comprendre les ETF, l'immobilier et la retraite sans passer par un conseiller bancaire.

Atomic Habits — James Clear

Pas un livre de finance — mais peut-être le plus utile de cette liste pour construire une vie financière solide. James Clear y démontre que ce ne sont pas les grandes décisions qui transforment une trajectoire, mais les petites habitudes répétées. Épargner 100 francs par mois pendant vingt ans est une habitude atomique. Ce livre explique pourquoi ça fonctionne.

* * *

Podcasts

En français

Émotions — Louie Media

Pas un podcast de finance, mais l'un des meilleurs podcasts français sur la psychologie. Plusieurs épisodes traitent de notre rapport à l'argent, à la sécurité et à la dépendance — des sujets directement liés à tout ce que ce livre explore.

Entrepôt — Mathieu Stern

Un podcast français sur l'entrepreneuriat et l'indépendance financière, accessible et concret. Mathieu Stern y interviewe des personnes qui ont construit leur liberté financière à partir de situations ordinaires.

Café de Bourse — Café de la Bourse

Un podcast pratique sur l'investissement en bourse, accessible aux débutants francophones. Les épisodes couvrent les bases des ETF, de la diversification et de la gestion de portefeuille sans jargon inutile.

En anglais

So Money — Farnoosh Torabi

L'une des voix les plus respectées de l'éducation financière pour les femmes. Farnoosh Torabi interviewe des personnalités du monde de la finance, des entrepreneurs et des personnes ordinaires sur leur rapport à l'argent. Direct, bienveillant, sans tabou.

We Study Billionaires — The Investor's Podcast Network

Pour celles qui veulent aller plus loin dans la compréhension des marchés et des stratégies d'investissement. Chaque épisode analyse les décisions de grands investisseurs — Warren Buffett, Charlie Munger, Ray Dalio — avec une pédagogie remarquable.

Afford Anything — Paula Pant

Un podcast construit autour d'une idée simple : on peut se permettre n'importe quoi, mais pas tout à la fois. Paula Pant aide ses auditeurs à faire des choix conscients plutôt que de subir leurs finances. Excellente entrée en matière sur l'investissement immobilier et la liberté financière.

***

Plateformes d'investissement accessibles depuis la Suisse

Les plateformes mentionnées dans les Actions de ce livre sont citées à titre purement informatif afin d'illustrer les solutions aujourd'hui accessibles aux particuliers souhaitant découvrir l'investissement de manière autonome.

Elles ne constituent ni une recommandation financière personnalisée, ni une incitation à investir. Chaque situation patrimoniale, fiscale et personnelle est différente. Avant toute décision d'investissement, il est recommandé de se renseigner de manière approfondie et, si nécessaire, de consulter un professionnel indépendant qualifié.

Pour découvrir l'investissement en bourse

Swissquote — Suisse
Banque en ligne suisse réglementée par la FINMA proposant l'accès à différents instruments financiers, notamment des actions, ETF et obligations. La plateforme est accessible aussi bien aux investisseurs débutants qu'aux profils plus expérimentés.

Yuh — Suisse
Application développée en partenariat avec PostFinance et Swissquote permettant d'accéder progressivement à l'investissement via une interface simplifiée et des montants d'entrée réduits.

Saxo Bank Suisse — Danemark / Suisse
Plateforme internationale disponible pour les résidents suisses, donnant accès à

un large éventail de marchés et d'instruments financiers, notamment des ETF internationaux.

Pour la retraite et le troisième pilier

VIAC — Suisse · viac.ch

La solution de référence pour le troisième pilier lié investi en bourse (pilier 3a). VIAC propose des portefeuilles composés majoritairement d'ETF à faibles coûts, avec des frais parmi les plus bas du marché suisse. Recommandée par de nombreux experts financiers indépendants en Suisse.

Finpension — Suisse · finpension.ch

Concurrent direct de VIAC pour le troisième pilier, avec des options de personnalisation avancées et des frais très compétitifs. Également disponible pour la prévoyance libre (pilier 3b). Idéale pour les personnes qui souhaitent maximiser leur optimisation fiscale tout en investissant.

frankly — Suisse · frankly.app

Application mobile développée par la Zürcher Kantonalbank (ZKB) pour le troisième pilier. Interface simple, intégration avec le système bancaire suisse, bonne diversification en ETF. Option solide pour les débutants qui souhaitent commencer à investir leur épargne retraite.

Pour comprendre ta situation financière en Suisse

Moneyland — Suisse · moneyland.ch

Le comparateur indépendant de référence en Suisse. Il permet de comparer les comptes bancaires, les assurances, les produits hypothécaires, les solutions de retraite et les plateformes d'investissement. Gratuit, sans publicité orientée, géré de manière indépendante. Un outil indispensable avant toute décision financière importante.

Service des impôts cantonal — Suisse · selon ton canton

Rappel essentiel : chaque canton suisse dispose d'un service des impôts accessible par téléphone ou en ligne. En cas de doute sur ta situation fiscale, ta déclaration commune, tes droits en cas de séparation ou ta responsabilité solidaire — contacte directement ton service cantonal. Ils sont tenus de répondre à tes questions. C'est gratuit.

***

Se faire accompagner

Aucun livre, aucun podcast, aucune plateforme ne remplace un accompagnement personnalisé. Si tu traverses une séparation, une reconstruction financière ou si tu veux simplement construire une stratégie adaptée à ta réalité — cherche un professionnel indépendant.

Quelques repères utiles en Suisse

Comprendre les différents types d'accompagnement financier

En Suisse, certains conseillers travaillent au sein d'une banque ou d'un établissement financier, tandis que d'autres exercent de manière indépendante. Leur mode de rémunération peut varier : certains sont salariés ou liés aux produits de leur établissement, d'autres facturent principalement des honoraires de conseil.

L'important n'est pas uniquement le titre affiché, mais la capacité à comprendre clairement :

- comment la personne est rémunérée ;

- si elle agit dans un cadre indépendant ou non ;

- et si les explications fournies restent compréhensibles, transparentes et adaptées à ta situation.

Il existe également des certifications et associations professionnelles reconnues en Suisse, notamment les conseillers certifiés CFP (*Certified Financial Planner*) ou certains professionnels affiliés à des associations de gestion reconnues.

En cas de séparation

Lorsqu'une séparation implique des questions patrimoniales importantes — partage du deuxième pilier, liquidation du régime matrimonial, dettes, fiscalité ou garde des enfants — il peut être utile de se faire accompagner par un avocat spécialisé en droit de la famille ou par un professionnel qualifié.

Les ordres cantonaux des avocats mettent généralement à disposition des annuaires consultables en ligne.

L'impact psychologique

Un effondrement financier ne touche jamais uniquement l'argent. Il atteint aussi la sécurité intérieure, la confiance, le sommeil, la capacité à réfléchir clairement et parfois même l'identité.

En Suisse, différents dispositifs cantonaux, associatifs ou médicaux permettent d'accéder à un soutien psychologique. Certaines assurances complémentaires prennent également en charge une partie des consultations de psychothérapie selon les contrats.

* * *

Ces ressources sont un point de départ, pas une destination. Ce qui compte, c'est de commencer — même imparfaitement, même avec peu. Parce que la seule erreur financière vraiment irréparable est de ne jamais avoir commencé.

SheGrows Switzerland

Ce que j'ai construit avec ce que j'avais traversé

Ce livre raconte comment une douleur peut devenir une conscience. SheGrows est ce que cette conscience a produit.

Après l'effondrement, après les trois ans de déconstruction, après avoir appris à regarder mes finances en face — une évidence s'est imposée à moi avec une clarté que je n'avais pas anticipée : ce que j'avais vécu n'était pas exceptionnel. Des millions de femmes, partout dans le monde, évoluent dans exactement la même invisibilité financière. Pas parce qu'elles sont incapables. Parce que personne ne leur a jamais vraiment donné les clés.

SheGrows est née de cette conviction. Non pas pour raconter mon histoire à l'infini. Mais pour transformer cette histoire en quelque chose d'utile — de concret, d'accessible, de transmissible.

***

Ce qu'est SheGrows

SheGrows Switzerland est une association à but non lucratif, fondée à Genève en septembre 2025. Sa mission est simple dans son énoncé, exigeante dans son exécution : promouvoir l'éducation financière, notamment auprès des femmes, par des formations, des ateliers, du mentorat et des outils concrets.

Ce n'est pas une banque. Ce n'est pas un service de conseil en investissement. C'est un espace d'éducation et d'autonomisation — un lieu où les femmes apprennent à comprendre leur réalité financière, à poser les bonnes questions, et à prendre leurs propres décisions en toute conscience.

Le nom SheGrows n'est pas un slogan. C'est une conviction : une femme qui comprend ses finances ne grandit pas seulement financièrement. Elle grandit en confiance, en liberté, en capacité à choisir sa vie.

***

La plateforme — Grow in Power

En parallèle de l'association, SheGrows développe une plateforme éducative numérique — la première conçue pour accompagner les femmes à travers l'intégralité de leur vie financière, pas seulement à travers un produit ou une décision isolée.

La plateforme est structurée autour des Sept Lois de l'Or, tirées de L'Homme le plus riche de Babylone de George S. Clason — l'un des livres de finance personnelle les plus lus et les plus cités au monde depuis près d'un siècle. Ces lois, vieilles de quatre mille ans, restent d'une précision remarquable : épargner une part de ce que l'on gagne, contrôler ses dépenses, faire travailler son argent, protéger ce que l'on a construit, préparer sa retraite, investir dans sa capacité à gagner davantage.

La plateforme les traduit en fonctionnalités concrètes, adaptées à la réalité suisse et à la vie des femmes d'aujourd'hui.

***

Les Sept Lois — vivantes dans la plateforme

Loi I — Une part de ce que tu gagnes t'appartient

Avant tout budget, avant toute dépense, la plateforme met de côté 10% de tes revenus. Ton tableau de bord commence par ce qui est à toi — pas par ce que tu dois.

Loi II — Contrôle tes dépenses

Tu nommes toi-même tes dépenses. L'acte de nommer est là où la transformation commence. La plateforme reflète tes habitudes — sans jamais te faire la leçon.

Loi III — Fais multiplier ton argent

Chaque franc est visible comme argent actif ou argent dormant. L'argent dormant a un coût mensuel visible. Trois options. Un geste pour le mettre au travail.

Loi IV — Protège tes richesses contre la perte

Avant tout investissement, trois questions. Ce produit correspond-il à ton profil ? Est-ce un véhicule éprouvé ? Le comprends-tu réellement ? Protection, pas paternalisme.

Loi V — Fais de ton logement un investissement rentable

Analyse louer versus acheter, adaptée à ta ville. Simulation hypothécaire. Projection de valeur. Ancrée dans le marché où tu vis réellement.

Loi VI — Assure un revenu futur

Ton portrait financier à 45 ans, 60 ans, 75 ans. Trois versions : si tu ne changes rien, si tu appliques certaines lois, si tu les appliques toutes. Ton futur, en chiffres réels.

Loi VII — Augmente ta capacité à gagner

La plupart des plateformes traitent ton revenu comme une constante. SheGrows le traite comme ta variable la plus importante. Compétences, benchmarks salariaux, préparation à la négociation — adaptés à ton marché.

***

Un parcours en cinq étapes

La plateforme place chaque femme honnêtement — pas là où elle aimerait être, mais là où elle se trouve vraiment. Puis elle l'accompagne.

Les cinq étapes du parcours SheGrows

Étape 1 — La Bourse vide : dettes, absence d'épargne, peur financière. La protection s'active en premier. La première dîme commence. Le miroir reflète sans jugement.

Étape 2 — L'Apprentie : revenus stables, épargne naissante. Les premières options d'investissement réelles apparaissent.

Étape 3 — La Bâtisseuse : épargne en croissance, premiers investissements. Le patrimoine prend forme.

Étape 4 — La Marchande : plusieurs sources de revenus, portefeuille en croissance. Le centre de commandement complet s'ouvre.

Étape 5 — La Souveraine : liberté financière, construction d'un héritage. La transmission commence. Tu enseignes. Tu guides. Tu deviens.

* * *

Ce que ce livre et SheGrows partagent

Ce livre et SheGrows sont nés du même endroit. De la même conviction, traversée à travers la même douleur.

La conviction que l'éducation financière des femmes n'est pas une question de chiffres. C'est une question de dignité. De liberté. De capacité à choisir. Et de transmission — parce que chaque femme qui comprend enfin sa réalité financière change quelque chose pour ses enfants, pour ses proches, pour les femmes qui l'observent sans oser lui poser la question.

Ce livre est la version narrative de ce que SheGrows veut construire. SheGrows est la version active de ce que ce livre enseigne. L'un et l'autre poursuivent le même objectif : qu'aucune femme ne découvre trop tard ce qu'elle aurait pu comprendre bien plus tôt.

***

Rejoindre SheGrows

SheGrows Switzerland est ouverte à toute personne — femme ou homme — qui partage la conviction que l'éducation financière est un outil d'émancipation, pas un privilège réservé à quelques-uns.

À propos de l'auteure

Christelle Donhossou est une professionnelle de la finance basée à Genève, spécialisée dans la gestion des risques d'investissement et la protection des investisseurs au sein de la banque privée internationale.

Titulaire d'un Master en audit financier ainsi que d'un Master en comptabilité et finance, elle débute sa carrière dans l'audit financier et réglementaire avant d'évoluer vers des fonctions liées à la conformité, à la gouvernance et au risque d'investissement. Depuis près de vingt ans, elle travaille au cœur des marchés financiers et accompagne les enjeux liés à la protection des investisseurs, aux produits financiers et aux mécanismes de gestion de patrimoine.

Née au Bénin et ayant grandi entre plusieurs pays au gré de la carrière diplomatique de son père, elle développe très tôt une vision internationale, nourrie par différentes cultures, réalités économiques et manières de penser l'argent.

En parallèle de sa carrière, elle s'engage pour une meilleure éducation financière des femmes. En 2025, elle fonde SheGrows Switzerland, une initiative basée à Genève dédiée à rendre la finance plus accessible, plus compréhensible et plus concrète pour les femmes qui souhaitent reprendre pleinement leur place dans leurs décisions financières.

À travers son travail, ses ateliers et ses prises de parole, elle défend une idée simple : l'éducation financière n'est pas réservée aux experts, mais constitue un outil essentiel d'autonomie, de protection et de liberté.

Commence maintenant est son premier livre.

www.ingramcontent.com/pod-product-compliance
Lightning Source LLC
LaVergne TN
LVHW040515210926
848480LV00005BA/1468
* 9 7 9 8 9 9 6 3 9 4 9 1 3 *